U0082463

壽險業務員與代理人考試用書

人身保險實務與法規精要

賀冠群、廖勇誠 著

作者序

　　金融保險證照時代早已到來！透過證照取得資格、提升專業與增加競爭力，確實是現今不可抗拒的趨勢。本書特別以壽險公會壽險業務員考試範圍為主軸，並輔以選編與自編業務員考題及105~108年人身保險代理人人身保險實務概要考題，透過系統化列舉編撰與逐題解析模式，協助從業人員或學生效率化學習壽險商品、條款法規、壽險行銷規範與壽險實務。

　　本書除了是量身訂作的人身保險業務員測驗用書及壽險代理人壽險實務參考書外，更透過重點系統化、項目化與圖表化的模式，結合作者實務經驗，協助讀者對於壽險商品、條款法規、壽險行銷與招攬規範，能有進一步的學習與成長，並適合作為學生們的人身保險課程教材。

　　作者時間、能力或經驗有限且各老師專業經驗與見解亦有不一，恐有疏漏錯誤；尚祈海內外宏達、師長、專家前輩與讀者指正與見諒！最後，保險系列書籍出版後，受到很多忠實讀者們的選購、支持與鼓勵，在此特別向讀者好友們致上衷心的感謝！

目錄

第一章 考試須知

第一節 考試須知-壽險業務員

第二節 考試須知-壽險代理人考試介紹

第三節 選擇題應考建議

第一章　考試須知

第一節 考試須知-壽險業務員

一、規劃投入金融保險相關產業

1.未來規劃在壽險公司服務、壽險保經代公司、銀行、證券公司服務。

2.希望培養第二專長的民眾。

二、壽險業務員考試資訊

1.主辦單位：壽險公會

2.網址：http://wwww.lia-roc.org.tw

3.報考資格限制：年滿20歲，高中以上學歷

4.考試資訊：

(1)科目含保險實務及保險法規二單元(滿分100分)

● 保險實務：每題2分，共50題，考試時間60分。

● 保險法規：每題1分，共100題，考試時間80分。

(2)合格標準：**2 科應合計 140 分以上**，任何 1 科不得低於 60 分。

(3)費用：400 元整。

(4)題型：選擇題(單選)

(5)報名方式：團體報名為主

(6)考試時間：每月舉辦

(7)另有共同科目「金融市場常識與職業道德」1 科，以單科方式參加測驗，費用 250 元。

5.考取後效益

(1)投入壽險業務招攬的必備證照：通過後，方可進一步報考外幣保單業務員及投資型保險業務員。

(2)財富管理與理財業務的必備證照：無論報考銀行、證券或壽險公司，甚至晉升或面試，許多公司列為必備證照或加分證照。

(3)學生可透過考取壽險業務員證照，以符合學校所要求的基礎證照。

第二節 考試須知-壽險代理人考試介紹

1.主辦單位：考試院（國家考試）

2.網址：http://www.moex.gov.tw

3.考試資訊：

(1)考試院主辦：保險特種考試（相當於普考等級）

(2)報考學歷要求：高中以上學歷

(3)報名方式：採網路線上報名

(4)考試時間：每年五月或六月

(5)申論題(問答題)、簡答題與選擇題

(6)及格標準：四科平均 60 分及格，但總成績滿 60 分及格
　　人數未達各該類科全程到考人數 16%時，以錄取各該類
　　科全程到考人數 16%為及格。總成績之計算，以各科目
　　成績平均計算。各該類科考試應試科目如有一科成績為
　　0 分或總成績未滿 50 分者，均不予及格。

4.考試科目：

◇ 保險學概要

◇ 保險法規概要

✧ 人身保險經營概要

✧ **人身保險實務概要**

5.人身保險實務概要命題大綱

✧ 人壽保險實務：保險商品、保險費、責任準備金、核保、
　再保、理賠等

✧ 健康及傷害保險實務：保險商品、保險費、責任準備金、
　核保、再保、理賠等

✧ 年金保險實務：保險商品、保險費、責任準備金等

✧ 投資型商品實務：保險商品、保險費、責任準備金等

第三節　選擇題應考建議

1.善用統一歸納法，增加答對機率

　歸納後更容易記憶，可避免死背硬記。例如：可針對不
　同壽險或年金商品分類比較，更容易了解彼此特質差
　異。

2.留意數值，增加答對機率

選擇題很多都與數值有關，特別需要留意，諸如：10日契約撤銷權、每年壽險業務員需要參與的教育訓練時數 30 小時(第 1 年度)或 12 小時(第 2 年度後)、相關文件紀錄至少保存 5 年。

3. 留意關鍵字，增加答對機率

選擇題需多留意關鍵字，諸如：即期年金保險、投資型保險、實物給付、長期照護、重大疾病等。

4. 針對限制事項或禁止事項需要特別留意

諸如：須符合的資格條件、招攬行為獎懲等。

5. 刪除錯誤解答、刪除不合理解答、刪除對保戶顯失公平解答，可增加答對機率。

6. 多練習，加快答題速度：選擇題考試題目很多，答題劃卡速度務必掌握，不要耽誤太久。

第二章　風險管理概要

第一節　風險的意義與分類

第二節　風險因素與風險管理步驟

第三節　模擬考題與解析

第二章　風險管理概要

第一節　風險的意義與分類[1]

1.風險的意義：

損失發生的不確定性。

2.風險的分類依據是否有獲利機會區分：

(1)純損風險：只有損失發生機會之風險，整體而言通常有一定規則地發生，諸如生病、年老、遺傳疾病、危險旅遊地區、高風險休閒活動與居住環境等。

(2)投機風險：同時有損失與獲利機會之風險，整體而言通常為不規則性的風險，諸如股票投資、不動產投資、外匯投資與進出口貿易。

3.依個人認知影響分類：

(1)客觀風險：

---

[1] 參袁宗蔚(1992)，保險學，第一章；風險管理學會(2001)，人身風險管理與理財，第一章及 Harvey W. Rubin, Dictionary of Insurance Terms；廖勇誠(2016)

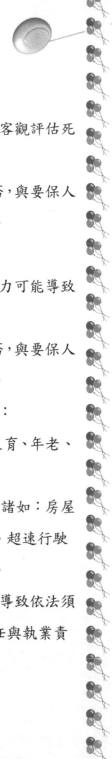

a.可客觀評價之風險，諸如以死亡率或罹病率客觀評估死亡或癌症風險。

b.保險契約所承保之特定風險或事故發生與否，與要保人或被保險人無關，則該風險屬於客觀風險。

(2)主觀風險：

a.個人主觀意識所感受到的風險，諸如心理壓力可能導致損失，但風險因人而異。

b.保險契約所承保之特定風險或事故發生與否，與要保人或被保險人攸關，則該風險屬於主觀風險。

4.依風險標的物之性質（損失發生對象）分類：

(1)人身風險：與人類身體有關之風險，諸如：生育、年老、疾病、死亡、傷害與失能等。

(2)財產風險：與個體所擁有財產攸關之風險，諸如：房屋建築結構差、居住地震帶、居住低窪地區、超速行駛與飆車等可能造成房屋毀損與車禍等事故。

(3)責任風險：由於契約關係或過失侵權行為，導致依法須負擔賠償責任之風險，諸如：車禍賠償責任與執業責任。

5.風險發生與否影響個體或群體分類:

(1)特定風險:損失發生對於特定個體產生影響之風險,諸如:意外死亡、失能、火災與車禍等事故發生通常僅對於個體產生影響;一般而言特定風險常屬於純損風險。

(2)基本風險:損失發生對於群體產生影響之風險,諸如失業、颱風、地震、海嘯與罷工等事故對於群體或整個地區產生衝擊;基本風險可能為純損或投機風險。

6.風險隨經濟、社會或科技改變與否分類:

(1)靜態風險:不隨經濟、社會或科技等改變之風險,包含自然環境或人為錯誤所致之風險,諸如:火災、地震、操作不當等。通常絕大多數的靜態風險屬於純損風險。

(2)動態風險:隨經濟、社會或科技等改變之風險。諸如股票或外匯投資、社會變遷、經濟波動與民眾偏好改變風險。動態風險可能為投機或純損風險。

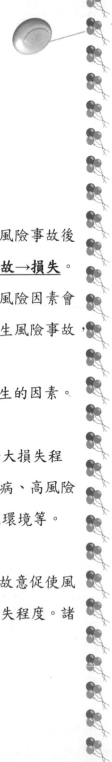

第二節 風險因素與風險管理步驟

一、風險因素、事故與損失

1.風險因素、風險事故與損失間關係

　　風險因素會影響或導致風險事故，發生風險事故後可能造成損失，關係如下：**風險因素→風險事故→損失**。因此風險事故不會造成或影響風險因素；但風險因素會影響或導致風險事故、造成損失的原因為發生風險事故，而非存在風險因素。

2.風險因素：指足以引起或增加風險事故發生的因素。

(1)實質風險因素：

　　風險標的所具備足以引起損失結果或擴大損失程度的實質條件。諸如：性別、年齡、遺傳疾病、高風險職業、不當飲食、現在疾病、既往症或居住環境等。

(2)道德風險因素[2]：

　　指個人不誠實或不正直的行為或企圖，故意促使風險事故發生，以致於引起損失結果或擴大損失程度。諸

---

[2]參袁宗蔚(1992)，保險學，P.18；賀冠群、廖勇誠(2017)

如：自殺、自殘、縱火、殺害與偽照病歷詐領保險金等。

(3)心理或怠忽風險因素：

指個人疏忽或消極的行為，以致於引起損失結果或擴大損失程度。諸如：因投保高額壽險，而經常疲勞駕駛或不遵守交通規則，或個人衛生習慣差或偶有開車講手機或酒駕等行為。

3.風險事故：

風險事故可能為天然災害、人為事故或身體上風險事故，諸如：意外身故、長壽、生育、震災、火災、風災、水災、土石流、爆炸、偷竊、罷工與汽車撞毀等。風險事故可能為不可承保的風險事故或可承保的保險事故。

二、風險管理的步驟[3]

1.風險的確認

確認風險之方法頗多，實務上常同時透過許多方法確認風險，以避免疏漏，例如：實地調查法、審閱紀錄法、

---

[3]參袁宗蔚(1992)，保險學，P.21-23；廖勇誠(2017)；壽險公會(2012,2018)

流程分析法等。

2.風險的衡量評估

風險的評估可透過以下方式評估：

(1)損失頻率：指平均損失機率。

　損失頻率 =(發生損失單位數 / 整體單位數) x 100%

(2)損失幅度：指平均損失金額。

　損失幅度 = 損失金額 / 損失發生次數。

(3)損失成本 = 損失頻率預期值 x 損失幅度預期值

- 範例：
  損失頻率=1%
  損失幅度=100 萬
  損失成本=1% x 100 萬=1 萬；
- 重要的風險：
  - 損失頻率高、損失幅度低
  - 損失頻率低，損失幅度高
  - 損失頻率高，損失幅度高

3.選擇並執行風險管理方法

(1)事故發生前的風險管理：避免、損失預防或移轉

a.避免：為減少事故或損失之發生，直接透過避免方式。諸如避免從事具有風險性的活動，避免飆車或跳傘等危險活動。

b.損失預防：降低損失發生頻率方式，諸如：定期健康檢查、騎乘機車佩戴安全帽、飲食定時定量及住家加強防盜保全設施等。

c.移轉：例如投保保險。

(2)事故發生時的風險管理：損失抑制；例如降低車禍事故發生時的損失金額。

(3)事故發生後的風險管理：損失自留；例如損失發生後，針對小額損失透過自行負擔方式因應。

4.定期評估與調整

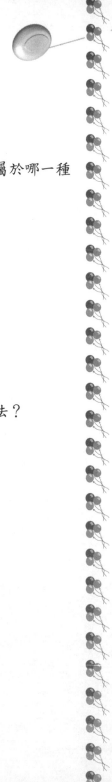

第三節　模擬考題與解析

1. 受益人意圖獲取保險金而殺害被保險人，屬於哪一種風險？

　　A.　實質風險
　　B.　道德風險
　　C.　心理風險
　　D.　無形風險

解答：　B

2. 下列何者是風險事故發生時的風險管理方法？

　　A.　損失抑制
　　B.　避免前往疫區
　　C.　配戴口罩
　　D.　投保保險

解答：　A

3. 下列何者是風險事故發生前的風險管理方法？

    A. 損失抑制
    B. 風險自留
    C. 投保保險
    D. 以上皆是

解答： C

4. 就商業保險而言，下列何者為可保風險？

    A.匯率貶值　B.內亂　C.通貨膨脹　D.老年生存。

解答：D

● 其餘非為純損風險或靜態風險。

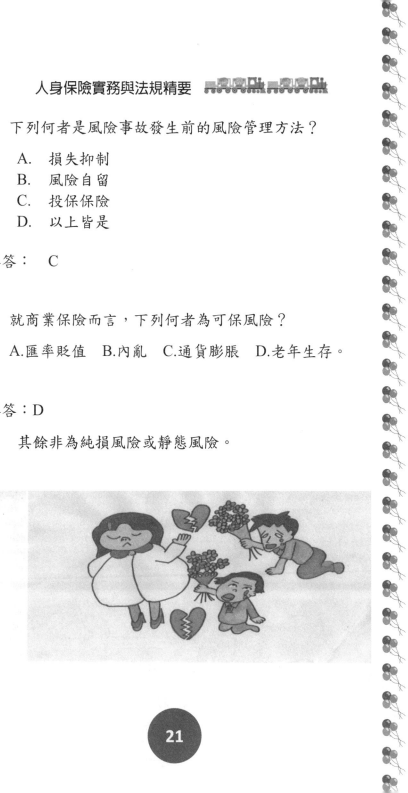

第三章　壽險商品功能、保費計算與社保

第一節　台灣壽險商品發展歷程及功能
第二節　壽險商品保費計算基礎與準備金提存
第三節　公教保、勞保、國保與全民健保概要
第四節　模擬考題與解析

第三章 壽險商品功能、保費計算與社保

第一節 台灣壽險商品發展歷程及功能

一、人身保險商品分類

人身保險，簡稱壽險，依保險法第 13 條分類，可分為人壽保險、年金保險、傷害保險及健康保險等四種。人身保險可提供客戶保障、儲蓄、投資與節稅等功能。

二、人身保險契約之當事人與相關人及流程[4]

1. 保險契約當事人：要保人及保險人。

2. 保險契約關係人：被保險人與受益人。

3. 要保人對於被保險人需具有保險利益關係：

(1)本人或其家屬。

(2)生活費或教育費所仰給之人。

(3)債務人。

(4)為本人管理財產或利益之人。

---

[4]保險年齡計算：足歲年齡計算後，未滿 1 年的月數，超過 6 個月多加 1 歲；未超過 6 個月無條件捨去。

4. 保險輔助人：業務員與經紀人、代理人等[5]。

5. 投保流程：要保人填寫要保書並繳納保險費，透過業務人員、銀行職員或經紀人、代理人等通路完成投保作業後，由壽險公司進行核保與發單作業，投保手續才算完成。

6. 給付流程：被保險人發生身故、失能、疾病、傷害、失能與生存等承保事故並提出相關申請後，由人壽保險公司給付身故保險金、失能保險金、住院醫療保險金、手術醫療保險金、門診保險金、重大疾病保險金、

---

[5]**保險法第三條** 要保人指對保險標的具有保險利益，向保險人申請訂立保險契約，並負有交付保險費義務之人。

第四條 被保險人指於保險事故發生時，遭受損害，享有賠償請求權之人；要保人亦得為被保險人。

第五條 受益人指被保險人或要保人約定享有賠償請求權之人，要保人或被保險人均得為受益人。

第八條 保險代理人指根據代理契約或授權書，向保險人收取費用，並代理經營業務之人。

第八條之一 保險業務員指為保險業、保險經紀人公司、保險代理人公司或兼營保險代理人或保險經紀人業務之銀行，從事保險招攬之人。

第九條 保險經紀人指基於被保險人之利益，洽訂保險契約或提供相關服務，而收取佣金或報酬之人。

特定傷病保險金、長期照護保險金、生存保險金、滿期保險金、年金或實物給付等各項給付。

圖 3.1 壽險之當事人、關係人與輔助人

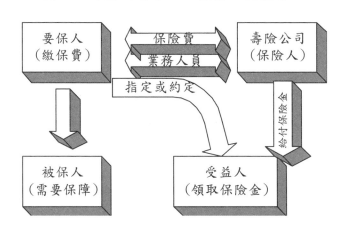

三、人壽保險與年金商品發展階段[6]

　　若依商品型態、法令規範、消費者需求與業績等要素區分，台灣壽險業六十年來人壽保險與年金商品發展歷程，

---

[6]作者參酌以下文章並結合商品調查研究修訂。

- 夏銘賢(1998)，「台灣壽險業商品研發的演變及新趨勢」，壽險季刊，第 94-95 頁
- 壽險公會(2012)，人身保險業務員資格測驗統一教材，P.22~24
- 保險事業發展中心，保險商品查詢及壽險公司網站資訊
- 廖勇誠(2016)，第二章

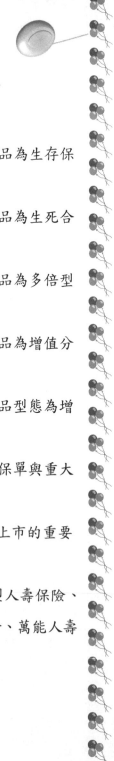

可概分為以下階段：

1. 第一階段（51 年~55 年）：此階段主要商品為生存保
   險。

2. 第二階段（56 年~60 年）：此階段主要商品為生死合
   險（養老保險）。

3. 第三階段（61 年~66 年）：此階段主要商品為多倍型
   保障生死合險。

4. 第四階段（67 年~74 年）：此階段主要商品為增值分
   紅養老保險。

5. 第五階段（75 年~82 年）：此階段主要商品型態為增
   值還本終身壽險。

6. 第六階段（83 年~85 年）：強制分紅壽險保單與重大
   疾病保險。

7. 第七階段(86 年~94 年)：多元化商品型態上市的重要
   階段。

　　傳統型年金保險、變額年金保險、投資型人壽保險、
分紅保單、不分紅保單、利率變動型年金保險、萬能人壽
保險與利率變動型人壽保險相繼上市。

8. 第八階段(95年~109年上半年)：多元化商品爭鳴與外幣保單上市的重要階段。

　　外幣傳統型保單、外幣投資型保單、附保證給付變額保險商品、優體保單、弱體保單、微型保險、小額終老保險、健康管理機制保險、實物給付型保險等新商品陸續上市。尤其外幣傳統型保單與外幣投資型保單已成為壽險公司的主力商品。在本階段，傳統壽險、投資型保險及利率變動型商品業績互有更迭起伏，也讓商品配置更加重要。

9. 第九階段(109年下半年)至今：壽險商品保障轉變期

　　主管機關要求壽險商品須符合最低壽險保障倍數，因而導致壽險商品種類、商品配置與業績佔率的更迭。

四、人身保險在理財上的功能

1. 可使個人理財或投資置產無後顧之憂

2. 可透過醫療險與傷害險降低緊急預備金需求

3. 可透過年金保險滿足退休生活所需

4. 可透過投資型保險滿足民眾投資與保障需求

5. 可透過儲蓄型保險滿足中長期儲蓄與保障需求

6. 可透過人身保險規劃，享有相關稅惠

五、生涯規劃與人身保險商品需求

　　隨著年齡的增長，家庭成員、事業發展與經濟負擔也隨著變化，此時保戶的人身保險商品需求自然也必須隨著變化[7]。列表摘要如下：

---

[7] 依據壽險公會及保發中心108年度台灣壽險市場統計，108年新契約保費收入(FYP)金額為 $1,274,733$ 百萬(1.3兆)，銀行保險通路佔率約為54%、壽險業務員佔率約為39%、傳統保經代約為7%。個人健康險及傷害險以壽險業務員為主要通路，其次為傳統保經代通路。

表 3.1　生涯規劃與人身保險商品需求[8]

期間	學業/事業	家庭型態	人身保險商品
孩童期 **0~15 歲**	幼稚園、國小國中	以父母為重心	父母為子女購買基本壽險與健康險、傷害險保障
探索期 **16~24 歲**	高中、大學、研究所、服兵役	以父母為重心	
建立期 **25~34 歲**	社會新鮮人	結婚生子	基本壽險、醫療、傷害險保障
穩定期 **35~44 歲**	基層管理者	小孩上托兒所、上小學	房貸壽險、儲蓄型商品與投資型商品
維持期 **45~54 歲**	中階管理者、資深幕僚或主管	子女就學中(國中、高中或大學)	年金保險、終身儲蓄保險、投資型保險、特定傷病保險或長期照護保險
空巢期 **55~64 歲**	高階管理者、資深主管	兒女成家後搬出	年金保險、儲蓄保險、投資型保險
養老 **(退休)期** **65 歲後**	經驗傳承、旅遊、社團	兒女成家含飴弄孫	躉繳年金、躉繳儲蓄險與短繳期儲蓄險

---

[8]參閱風險管理學會(2001)，P.94~100 與廖勇誠(2016)， P.125~126

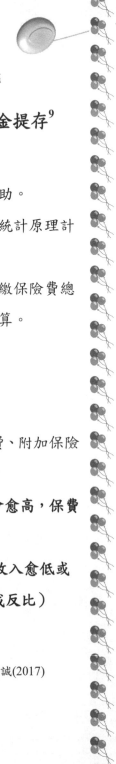

第二節　壽險商品保費計算基礎與準備金提存[9]

一、人身保險制度融合三個原則

1. 相互扶助概念：多數保戶在經濟上相互扶助。

2. 公平的危險分攤原則：透過大數法則精算統計原理計算保險費。

3. 收支相等原則：壽險公司基於整體保戶所繳保險費總和等於未來給付保險金總額之概念進行精算。

二、費率計算基礎與利潤來源

1.人壽保險費率的計算基礎

　　人壽保險保險費構成的要素包括純保險費、附加保險費兩部份，主要以下列三項變數為計算基礎。

(1)預定死亡率：死亡率愈高，預期死亡給付會愈高，保費將愈貴。（與保費成正比）

(2)預定利率：預定利率愈低，保單預定利息收入愈低或保單折現率愈低，保費將愈貴。（與保費成反比）

---

[9] 參壽險公會，壽險業務員登錄考試教材與賀冠群、廖勇誠(2017)

(3)預定營業費用率：費用率愈高，需要收取的費用就愈高，保費將愈貴。（與保費成正比）

4. 壽險商品利潤來源三因素

(1)死差益：實際死亡率 < 預定死亡率

(2)利差益：實際投資報酬率 > 預定利率

(3)費差益：實際費用率 < 預定費用率

三、壽險相關名詞

1. 自然保險費：壽險公司依照當年度壽險給付責任所計算出來的保險費金額，該保險費金額將隨著年齡增加而遞增；因此年齡愈高，保費持續攀升。

2. 平準保險費：由於民眾青壯年階段的繳費能力與負擔能力較高，也為了簡化保費繳費作業，壽險公司透過精算專業預估長期壽險契約未來的給付現值後，計算出各期應收取的相等金額保險費。國內的壽險保單皆採取平準保費方式繳納，較能配合民眾的收支型態而

且可以簡化保費繳費作業，更可持續累積保單價值準備金，同時提供保障與儲蓄的保險功能。

3. 淨危險保額：為保險金額或身故保障金額扣除保單價值準備金或責任準備金後之餘額。淨危險保額代表壽險公司真正承擔的危險金額，因為保單價值準備金是保費積存金，概念上屬於保戶的儲蓄金額概念，扣除後餘額才是危險承擔金額。

4. 國民生命表：由內政部編制，以全國所有國民為對象，進行死亡率統計而編製的生命表。由於統計樣本為所有國民，因此國民生命表未做任何危險篩選或危險選擇。

5. 壽險業經驗生命表：以整體壽險業界所承保的被保險人為對象，進行死亡率統計而編製的生命表。由於壽險業對於投保案件將進行核保、體檢或拒保等危險篩選措施，因此死亡率數據通常較國民生命表之死亡率低。

四、壽險商品責任準備金提存制度

1. 責任準備金在壽險公司會計報表上為負債科目。

2. 壽險責任準備金採較保守的評價基礎，通常採用較低的預定利率或較高的預定死亡率來評價。

3. 自93年1月1日起計提壽險責任準備金之生命表以「台灣壽險業第四回經驗生命表」為基礎。

4. 95年1月1日起新銷售之人壽保險商品，其純保險費較20年繳費終身保險為大者，採20年繳費終身保險修正制。

5. 自101年7月1日起新銷售之人壽保險商品，其預定危險發生率，以「台灣壽險業第五回經驗生命表」為基礎，由各公司自行訂定。

6. 自101年7月1日起計提壽險責任準備金之壽險商品，應以「台灣壽險業第五回經驗生命表」為基礎計提。

7. 保險業於營業年度屆滿時，應分別依保險種類，計算其應提存之各種責任準備金，記載於特設之帳簿。

五、人身保險業新契約責任準備金提存利率

　　金管會保險局對於傳統壽險商品預定利率的監理，主要透過新契約責任準備金提存利率規範。保險局頒佈人身保險業新契約責任準備金利率自動調整精算公式；主要方向為依繳費期間與負債存續期間訂定不同的責任準備金提存利率。109 年 6 月止，除台幣保單外，保險局已開放壽險公司銷售美元、澳幣、歐元與人民幣等外幣傳統保單。新台幣保單依照新台幣保單新契約責任準備金利率自動調整精算公式辦理。美元傳統保單需依照人身保險業美元保單新契約責任準備金利率自動調整精算公式之規範辦理，澳幣、歐元或人民幣傳統保單則分別依照澳幣、歐元與人民幣保單新契約責任準備金利率自動調整精算公式之規範辦理。

第三節 公教保、勞保、國保與全民健保概要[10]

一、公教人員保險

1. 給付項目：生育、失能、養老、死亡、眷屬喪葬津貼給付及育嬰留職停薪等。

2. 保險費分擔比例：

(1)公務人員、公立學校教職員：被保險人負擔35%，政府負擔65%。

(2)私立學校教職員：被保險人負擔35%，學校及政府各負擔32.5%。

二、勞工保險

1. **年滿15歲以上，65歲以下之勞工**，應以其雇主或所屬團體或所屬機構為投保單位，參加勞工保險。

2. 勞工保險承保的普通事故，包含老年、生育、傷病、失能、身故等人身事故；職業災害保險則承保執行職務或上下班途中所造成的職業傷害或職業病，包含傷病、失能、身故等人身事故。

---

[10]參賀冠群、廖勇誠(2019)

3. 保費負擔比例-有一定雇主的勞工：

(1)勞保普通事故保費：雇主負擔 70%；勞工負擔 20%；政府負擔 10%。

(2)職業災害保險保費：100% 由雇主負擔保費。

4. 保費負擔比例-無一定雇主或自營作業而參加職業工會勞工：

(1)勞保普通事故保費：勞工負擔 60%；政府負擔 40%。

(2)職業災害保險保費：勞工負擔 60%；政府負擔 40%。

三、就業保險

1. 92 年 1 月 1 日經立法院三讀通過就業保險法，實施就業保險。

2. 保險對象：**年滿 15 歲以上，65 歲以下之受僱勞工**。本國人之外籍、大陸及港澳地區配偶依法在臺工作者，納為就保保障對象。就業保險隨同勞保一併繳費投保。

3. 保險給付項目：失業給付、職業訓練生活津貼、育嬰留職停薪津貼、提早就業獎助津貼等。

四、國民年金保險

1. 國民年金保險於97年10月1日依據國民年金法開辦，主要針對尚未有社會保險保障的民眾，提供基本的老年年金、身心障礙年金、遺屬年金與生育、喪葬給付等給付。

2. 國民年金保險具有以下要點，摘要如下[11]：

(1)承保對象：針對**年滿25歲、未滿65歲為對象**，在未參加軍保、公教人員保險、勞保與農保期間；而且又尚未領取軍保、公教人員保險與勞保老年給付的民眾納保。

(2)月投保金額全民一致：國民年金保險之投保金額與全民健保或勞工保險等其他社會保險不同，並未依照薪資金額高低而提供高低不同的投保金額，而是所有承保對象適用相同的投保金額(109年為18,282元，金額不隨基本工資同步調整)。

---

[11]國民年金被保險人在保險有效期間發生保險事故時，分別給與老年年金給付、生育給付、身心障礙年金給付、喪葬給付及遺屬年金給付。同一分娩或早產事故同時符合國民年金保險與相關社會保險生育給付或補助條件者，僅得擇一請領。被保險人經診斷為重度以上身心障礙且經評估無工作能力者，如同時符合相關社會保險請領規定，僅得擇一請領。

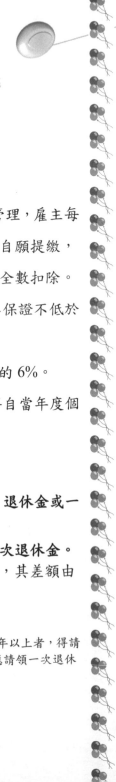

(3)保費負擔比率：民眾 60%；政府 40%。

五、勞工退休金制度

　　台灣勞工退休金個人帳戶制由政府經營管理，雇主每月依據勞工工資提撥至少 6%；另外員工可以自願提繳，提撥比率 6%以內可自當年度個人綜合所得中全數扣除。勞工退休基金由勞動基金運用局管理，收益率保證不低於二年定期存款利率。摘要列舉如下：

1. 雇主負擔的提繳率不得低於勞工每月工資的 6%。

2. 勞工自願提撥每月工資 6%以內的金額，得自當年度個人綜合所得總額中扣除。

3. 請領條件[12]：

   ● 年滿 60 歲，年資 15 年以上，請領月退休金或一次退休金。

   ● 年滿 60 歲，年資未滿 15 年，請領一次退休金。

4. 平均歷年收益率低於二年定期存款利率者，其差額由國庫補足。

---

[12]勞工未滿六十歲，有下列情形之一，其工作年資滿十五年以上者，得請領月退休金或一次退休金。但工作年資未滿十五年者，應請領一次退休金。

5. 基金管理：勞動基金運用局得自行管理或委託金融機構管理。

六、全民健康保險

1. 全民健保之保險事故：疾病、傷害、生育等事故。

2. 健保費包含一般保險費與補充保險費二項來源。一般保險費之保費計算需要拆分成員工負擔與企業(投保單位)負擔二項。

3. 一般保險費員工負擔比率：依照員工之投保身分而定，例如：有一定雇主之員工自行負擔比率為30%，無一定雇主之員工或會員自行負擔比率為60%。

4. 一般保險費眷屬人數：超過3口以3口計算。因此加計被保險人本人及眷屬人數3人後共計4人。因此若民眾一家5口同時在同一投保單位內，這時候被保險人及眷屬人數雖有5人，但只計算4人的健保費。

5. 補充保險費：除了一般保險費外，民眾擁有六項特定收入時，必須由扣費義務人額外扣取補充保險費，補充保險費費率為特定收入的1.91%。

表 3.2 補充保費扣收摘要

項　目	摘要	扣收門檻
1. 全年累計超過投保金額 4 倍部分的獎金	年終獎金、季獎金、三節獎金、董監事紅利等	無
2. 兼職薪資所得	兼職人員的薪資所得	單次給付達基本工資：109年為 23,800 元
3. 執行業務收入	在其他單位賺取的執行業務收入	20,000 元/次
4. 股利所得	投資股票領到的現金股利與股票股利	20,000 元/次
5. 利息所得	台幣存款與外幣存款的利息、債券票券配息	20,000 元/次
6. 租金收入	個人出租不動產給公司或機構的租金收入	20,000 元/次

第四節 模擬考題與解析

1. 小王購買一張終身壽險保單，其繳納保費方式按年繳平準保費，此繳費方式屬於：

   A.每年的保費固定不變

   B.每年的保費遞增

   C.每年的保費遞減

   D.以上皆非

解答：A

2. 小陳計算某一張終身壽險的保單面額(保險金額)與該保單上年度末準備金的差額。請問小陳所計算的金額是此保單的？

   A.總保費

   B.解約費用

   C.淨危險保額

   D.自留額

解答：C

3.死亡率之計算公式為下列何者？

　A.年底死亡人數/年底生存人數

　B.年度內死亡人數/年度初生存人數

　C.年度內死亡人數/年底生存人數

　D.年初死亡人數/年度初生存人數

解答：B

4.隨著平均壽命的不斷延長，壽險業務員為客戶安排保險
　時，需考慮那些保障項目：

　A.遺族生活費用

　B.老年退休生活費用

　C.喪葬費用

　D.以上皆是

解答：D

5.人壽保險保費計算基礎三種因素為 A.預定死亡率、預定職業類別費率、預定利率 B.預定死亡率、預定利率、預定營業費用率 C.預定獲益率、預定利率、預定營業費用率 D.預定營業費用率、預定死亡率、預定職業類別費率。

解答：B

6.下列何者為一種集合多數個人或經濟單位，根據合理的計算，共同集資，以作為對特定風險事故發生所導致損失的分攤制度？

A.互助會 B.信託 C.保險 D.國安基金

解答：C

● 可參見保險法第一條。

7.要保人向保險人為保險之要約時，通常須提出　A.要保書
　B.續保通知　　C.批改申請書　　D.索賠函。

解答：A

● 　新契約要約，通常提出要保書。

第四章 人壽保險商品概要、條款與 考題解析

第四章　人壽保險商品概要、條款與考題解析

第一節　傳統壽險商品分類與介紹

一、傳統壽險商品基本分類

　　依保險法第 101 條，人壽保險商品為人壽保險人於被保險人在契約規定年限內死亡，或屆契約規定年限而仍生存時，依照契約負給付保險金額之責。關於人壽保險分類，人壽保險依保險事故，可區分為死亡保險、生死合險(養老保險)、生存保險。

(1)死亡保險：提供被保險人終身或特定期間內的身故或全部失能保障，而且死亡保險契約並未包含任何生存保險金或滿期保險金等生存給付內容，例如：平準終身壽險或增額終身壽險。

(2)生死合險或養老保險：提供被保險人終身或特定期間內的身故或全部失能保障，而且契約包含生存保險金或滿期保險金等生存給付內容，例如：二十年期養老保險或終身還本壽險。

(3)生存保險：生存保險於被保險人在特定期間屆滿仍然生存時，依約定給付生存保險金或滿期保險金，但壽險契約並未包含身故給付保障，例如：十年期生存保險。

二、人壽保險依契約期間可區分為終身壽險與定期壽險。

(1)終身壽險(保障型、無還本)：保障型的終身壽險提供被保險人終身身故或全部失能保障；若被保險人身故或全部失能，壽險公司依約定給付身故或全部失能保險給付。一般壽險學理上所述之終身壽險，通常為純保障型平準終身壽險。

(2)終身還本保險(還本型)：終身還本保險除了提供被保險人終身身故或全部失能保障外，另外提供生存保險金等生存給付，讓保戶同時享有終身保障與定期還本。

(3)定期壽險(保障型、無還本)：定期壽險提供被保險人特定期間內的身故全部失能保障；若被保險人在期間內身故或全部失能，壽險公司依約定給付身故或全部失能保險給付。一般壽險學理上所述之定期壽險，通常為純保障型平準定期壽險。

(4)定期壽險(還本型)：除提供被保險人特定期間內的身故
　　或全部失能保障外，另外提供生存保險金或滿期保險
　　金等生存給付，讓保戶同時享有定期保障與儲蓄還本。
　　一般壽險學理上所述之養老保險或儲蓄保險，通常為
　　涵蓋定期身故、全部失能保障與滿期領回滿期保險金
　　的壽險商品。

表 4.1 定期壽險、終身壽險與養老保險商品特色比較

險種	保障型態	優缺點	適合投保族群
定期壽險	◆ 提供特定期間內的身故或全部失能保障 ◆ 通常保障期間內並無生存保險金或滿期保險金	◆ 優點：保費低、保障高 ◆ 缺點：無生存還本、無終身保障、解約金低	◆ 社會新鮮人、新婚族群 ◆ 家庭經濟支柱 ◆ 房貸族、信貸族
終身壽險	◆ 提供終身的身故或全部失能保障 ◆ 通常保障期間內並無生存給付	◆ 優點：終身保障、解約金穩定成長 ◆ 缺點：保費較定期壽險貴，通常儲蓄功能弱於養老保險	◆ 有一定收入或資歷的上班族 ◆ 喪葬費用與資產規劃族群 ◆ 終身保障族群與強迫儲蓄族群
養老保險	◆ 提供特定期間內身故或全部失能保障 ◆ 保障期滿被保險人仍生存，可領取滿期保險金	◆ 優點：滿期領回多、儲蓄功能強、契約期間較短 ◆ 缺點：保費最貴、保障低、通常無終身保障	◆ 中高齡族群 ◆ 定期儲蓄族群 ◆ 已有基本保障族群

三、依照分紅與否區分，可分為分紅保單與不分紅保單

1. 依據主管機關規範，83 年至 91 年壽險業界銷售的壽險商品，應包含紅利分配項目，通稱為強制分紅保單。這段時期的強制分紅保單，依照指定銀行二年定儲利率平均值扣除預定利率計算利差分紅金額，並且依照整體壽險業去年度實際經驗死亡率計算死差分紅的金額[13]。

2. 自 92 年起，壽險業可銷售不分紅人壽保險單或分紅保單。分紅保單之紅利分配應根據該公司分紅保險單的實際經營狀況，以保單計算保險費所採用之預定附加費用率、預定利率及預定死亡率為基礎，依保險單之分紅公式，計算分配的保險單紅利金額[14]。

3. 美式分紅保單保戶通常具有以下的紅利選擇權：

---

[13]過去的高預定利率保單，由於近年來預定利率高於二年定儲利率，因此計算後都為利差損；所以，雖有死差益，但由於死差利差紅利互抵，一正一負互抵後，很多保單無須分紅。

[14]實務上由於分紅保單之紅利分配金額，需要符合中分紅或可能紅利金額，否則將衝擊客戶投保意願並需向主管機關提出具體改善措施，因此分紅保單之紅利分配金額並無法真正依照壽險公司經營實績分紅。

(1)現金給付：保單紅利以現金給付。

(2)增額繳清保險：保單紅利用來購買繳清保險，以增加保險金額。

(3)抵繳保費：保單紅利用來抵繳續期保費，因此可以降低續期應繳之保險費金額。

(4)儲存生息：保單紅利金額存放於壽險公司，並依照分紅利率儲存生息。

4. 壽險業除了美式分紅保單外，也有壽險公司推出英式分紅保單；英式分紅保單客戶無法選擇現金給付、抵繳保費或儲存生息，因為保單透過類似增額繳清保險模式，定期累積保險金額與保單價值準備金。英式分紅保單同樣明訂契約的分紅利率、保戶與壽險公司分紅比例，並訂有多項的分紅項目，例如：增額分紅保額、額外分紅保額或滿期紅利等項目。

5. 分紅保單的可分配紅利盈餘，分配予**要保人之比例**不得<u>低於 70%</u>。

表 4.2　強制分紅保單、分紅保單與不分紅保單規範比較

商品別/項目	強制分紅保單	分紅保單	不分紅保單
紅利來源	死差益、利差益 *死差利差紅利互抵	死差益、利差益、費差益	無分紅
利差益計算	以三行庫二年定儲利率平均值扣除預定利率計算	依照該商品分紅帳戶投資報酬率扣除預定利率計算	預定利率不似分紅保單保守，因此保費較低
死差益計算	依照整體壽險業去年度實際經驗死亡率計算	依照該商品預定死亡率扣除實際死亡率計算	預定死亡率不似分紅保單保守，因此保費較低
盈餘分配	依公式分紅，與實際獲利金額無關	◆ 依照分紅保單盈餘金額分配 ◆ 保戶至少可分配 7 成利潤	若有獲利，均歸屬於壽險公司盈餘
適合族群	期望年年領取紅利客戶	期望年年領取紅利與儲蓄的客戶	希望保費低廉且保額較高的客戶

四、依計價幣別區分，可區分為新台幣保單與外幣保單

　　依照壽險保單的保費繳付與各項給付之幣別分類，可分為外幣保單與新台幣保單。外幣保單之保費、解約金、保單貸款或保險給付皆以外幣收付。隨著民眾多元化幣別理財需求後，外幣保單已愈來愈受到民眾的青睞。外幣傳統壽險商品與台幣收付的傳統壽險商品，差異如下：

1. 保險給付與款項：外幣保單以外幣支付滿期金、生存金、身故保險金、保單貸款與解約金等各項給付或款項。

2. 預定利率與費用率等保單精算基礎不同：外幣保單責任準備金提存利率與台幣保單不同，因此預定利率不同。另外外幣保單之費用率與資產配置等精算假設，與台幣保單仍存有落差，因而有不同的給付內容與費率。

3. 匯款費用負擔：外幣保單保戶可能需負擔匯款費用。

4. 匯率風險承擔：外幣保單保戶需負擔匯率波動風險。

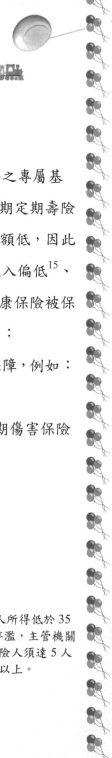

五、微型保險

　　微型保險為針對經濟弱勢被保險人所提供之專屬基本保障商品。由於微型保險之保障內容為一年期定期壽險、傷害險或實支實付傷害醫療險，而且保險金額低，因此保費也相當低廉。經濟弱勢被保險人包含年收入偏低[15]、原住民、漁民、身心障礙者及其家屬與農民健康保險被保險人等族群。通常微型保險商品具有以下特質：

1. 商品僅提供經濟弱勢被保險人「基本」的保障，例如：50 萬元身故保障，3 萬元之醫療保障。

2. 商品以一年期傳統型定期人壽保險、一年期傷害保險或一年期實支實付傷害醫療險為主。

3. 商品設計簡單，僅承保單一保險事故。

4. 商品內容不含有生存或滿期給付之設計。

---

[15] 依照人身保險業辦理微型保險業務應注意事項，全年個人所得低於 35 萬或夫妻二人所得低於 70 萬符合低收入之標準。為避免浮濫，主管機關要求以集體投保方式投保微型保險之代理投保單位，被保險人須達 5 人以上、要保人與被保險人應為同一人、法人成立至少 2 年以上。

六、優體保險[16]或弱體保險

　　優體壽險進一步依據被保險人是否有吸菸經驗為主軸並搭配健康狀況、病史與生活方式等因素,對於死亡率風險作更精確評估分類,並對於符合優體(優良體)核保標準之被保險人,適用較低的保險費率承保。優體壽險商品具有以下特質:

1. 商品種類可能包含傳統型定期人壽保險、終身人壽保險、萬能壽險與投資型人壽保險。

2. 死亡率風險以吸菸體及非吸菸體為主要分類基礎。

3. 商品內容不含有生存或滿期給付之設計。

4. 訂定嚴謹且一致性之核保標準:為確保核保作業之獨立與客觀,壽險業應訂定嚴謹且一致性之核保規範與分類標準,諸如:優體體位須同時符合年滿十八歲以上、標準體且非吸菸體等要件。

---

[16]依照人身保險業辦理優體壽險業務應注意事項,同一壽險商品之吸菸體體位等級不得超過二種,非吸菸體體位等級不得超過三種。

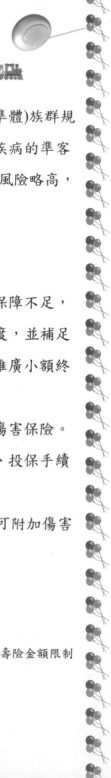

　　另一方面，許多壽險商品針對弱體(次標準體)族群規劃，諸如：針對罹患高血壓、糖尿病或特定疾病的準客戶規劃。由於死亡率或罹病率相對正常保戶的風險略高，因而可稱為弱體保險。

七、小額終老保險[17]

1. 功能與目的：因應人口高齡化與國人壽險保障不足，透過推動小額終老保險，增加民眾保障額度，並補足社會安全制度之不足。另外主管機關針對推廣小額終老保險表現良好的業者，給予監理誘因。

2. 小額終老保險保障包含終身壽險並可附加傷害保險。相較之下，小額終老保險具有保費較低廉、投保手續簡便等優點。

3. 保額限制：終身壽險(保額最高 50 萬元)及可附加傷害保險(保額最高 10 萬元)[18]。

---

[17]本內容依據108年12月主管機關最新規範撰寫
[18]108 年小額終老預定利率採 2.25%，只能投保一張，終身壽險金額限制為 30 萬，傷害險附約限額為 2 萬；參加測驗時請留意。

4. 核保及理賠：採免體檢承保、全民皆可投保；但為控管風險，每一被保險人僅能投保 2 張商品，且投保前 3 年身故保險金改以已繳保險費的 1.025 倍給付身故保險金。

5. 最高承保年齡：84 歲

6. 其他：

(1)小額終老商品限制：限平準型、不得有增額或加倍給付，而且僅限為死亡保險，不得有生存還本之給付。

(2)小額終老壽險商品精算基礎規範：

- 第五回生命表死亡率：100%

- 預定利率：2%

- 附加費用率：10%

- 繳費年期為6年期以上。

八、實物給付型保險商品

1. 實物給付型保險商品：保險契約中約定保險事故發生時，保險公司以提供約定的物品或服務履行保險給付責任之保險商品。

2.　台灣現行開放之商品型態：

(1)保險商品結合健康檢查服務及相關物品。

(2)保險商品結合殯葬服務及相關物品。

(3)保險商品結合長期照護服務及相關物品。

(4)其他：保險商品結合醫療、護理或老人安養服務及相關物品。

3.　實物給付保單得採實物給付與現金給付混合之方式設計。同一保險事故，可以部分採實物給付，其餘採現金給付。

表4.3　實物給付VS. 現金給付保單優缺點

類型	實物給付型保險	一般現金給付型保險
優點	◆ 投保時即可依照要保人意願與需求規劃後續保單用途。	◆ 現金給付後，受益人可以自由彈性動用。
缺點	◆ 物品或服務項目可能家屬不滿意或客戶未來不滿意。	◆ 可能無法依照要保人意願與需求規劃給付項目與服務或現金給付易遭挪用。

九、具健康管理外溢效果的保險商品

在商品設計時結合客戶健康管理的機制，若客戶自主健康管理良好，則壽險公司給予保費調降或提供客戶額外給付或服務。健康管理的保險商品，可以設計成實物給付型態或非實物給付型態，例如針對客戶定期健走或控制血糖得宜者，提供保費折減10%優惠及免費健康檢查。

十、簡易人壽保險

簡易人壽保險主要由中華郵政公司依據**簡易人壽保險法經營**，主要透過郵局的櫃台人員或服務人員銷售。通常簡易人壽保險以低保額、免體檢、免核保且月繳等簡易作業模式經營銷售。

十一、團體人壽保險

團體人壽保險承保對象為 5 人以上的公司、組織或機構。團體人壽保險以一張保單，承保一個團體所有成員或大部份成員。團體人壽保險為一年期壽險保單，並依據整

個團體的性別與年齡等因素評估費率，未來並採取經驗費率方式，定期調整保費水準。此外，通常團體人壽保險採取免體檢或簡易核保方式承保，而且各成員投保的保險金額，會依照員工薪資、職級與年資而規劃，以便能抵充雇主勞基法的補償責任並提供適當的員工福利。

第二節 傳統不分紅人壽保險示範條款摘錄與說明[19]

保險契約的構成

第一條

本保險單條款、附著之要保書、批註及其他約定書,均為本保險契約的構成部分。

本契約的解釋,應探求契約當事人的真意,不得拘泥於所用的文字;如有疑義時,以作有利於被保險人的解釋為原則。

說明:

1. 保險單條款、要保書、批註及其他約定文件,都屬於保險契約。

2. 保險契約有疑義時,應作有利於被保險人的解釋為準可見本條文依循保險法第 54 條規定辦理。

---

[19]參壽險公會(2012),人身保險業務員資格測驗統一教材,壽險管理學會(2011),人壽保險與賀冠群、廖勇誠(2017);並另參考壽險業商品條款與作業規範

契約撤銷權

第二條

要保人於保險單送達的翌日起算十日內，得以書面檢同保險單向本公司撤銷本契約。

要保人依前項規定行使本契約撤銷權者，撤銷的效力應自要保人書面之意思表示到達翌日零時起生效，本契約自始無效，本公司應無息退還要保人所繳保險費；本契約撤銷生效後所發生的保險事故，本公司不負保險責任。但契約撤銷生效前，若發生保險事故者，視為未撤銷，本公司仍應依本契約規定負保險責任。

說明：

1. 契約撤銷權之意義：壽險保單為定型化契約、附和性契約與長期契約，投保適切保險十分重要。為保障保戶權益，避免客戶因不瞭解或不當行銷而投保，因此給予要保人契約撤銷權。

2. **契約撤銷權行使時限：要保人可在保單送達的翌日起算 10 日內，行使契約撤銷權。**

3. 契約撤銷權行使前效力：若被保險人在契約撤銷生效前身故，壽險公司仍須負擔保險理賠責任。

4. 契約撤銷權行使後效力：依據民法第 114 條，法律行

為經撤銷者，視為自始無效。

5. **要保人行使契約撤銷權後，壽險公司應無息退還所繳保費予要保人。**

6. **另訂保單審閱期**：要保人投保傳統壽險前，另外擁有至少三天的保單審閱期(保險契約事先審閱期間)。

保險責任的開始及交付保險費

第三條

本公司應自同意承保並收取第一期保險費後負保險責任，並應發給保險單作為承保的憑證。

本公司如於同意承保前，預收相當於第一期保險費之金額時，其應負之保險責任，以同意承保時溯自預收相當於第一期保險費金額時開始。

前項情形，在本公司為同意承保與否之意思表示前發生應予給付之保險事故時，本公司仍負保險責任。

說明：

1. 保險責任開始：同意承保時溯自繳納保費時開始生效。

2. 若壽險公司在尚未做出同意承保決定前，被保險人發生保險事故，仍應負賠償責任。

第二期以後保險費的交付、寬限期間及契約效力的停止
第五條

分期繳納的第二期以後保險費，應照本契約所載交付方法及日期，向本公司所在地或指定地點交付，或由本公司派員前往收取，並交付本公司開發之憑證。第二期以後分期保險費到期未交付時，年繳或半年繳者，自催告到達翌日起○○日(不得低於三十日)內為寬限期間；月繳或季繳者，則不另為催告，自保險單所載交付日期之翌日起○○日（不得低於三十日）為寬限期間。

約定以金融機構轉帳或其他方式交付第二期以後的分期保險費者，本公司於知悉未能依此項約定受領保險費時，應催告要保人交付保險費，自催告到達翌日起○○日（不得低於三十日）內為寬限期間。

逾寬限期間仍未交付者，本契約自寬限期間終了翌日起停止效力。如在寬限期間內發生保險事故時，本公司仍負保險責任。

說明：

1. 訂定寬限期間之理由：考量壽險契約為長期契約而且儲蓄功能強，若因保戶一時的逾期繳費，就導致契約停止效力，對保戶保障顯然不利，也違背最大誠信契約之理念。因此壽險契約訂立寬限期間，提供保戶繳納保費的融通期間。

2. 寬限期間：

(1) 年繳、半年繳：催告到達翌日 30 天內。

(2) 季繳、月繳(現金繳費等自行繳費方式)：應繳日(保單所載交付日)翌日 30 天內。

(3) 季繳、月繳(自動轉帳扣款等約定)：催告到達翌日 30 天內。

3. 被保險人在寬限期間內發生保險事故，壽險公司仍應負擔理賠責任，不可因為保費超過應繳日未繳而拒賠。

4. 逾寬限期間仍未交付保費，壽險契約效力停止(停效)；停效期間被保險人發生保險事故，壽險公司不負賠償責任。要保人與被保險人可在二年之內辦理復效(恢復保單效力)，但需要補繳停效期間的保單價值準備金。

保險費的墊繳及契約效力的停止
第六條
要保人得於要保書或繳費寬限期間終了前以書面聲明，第二期以後的分期保險費於超過寬限期間仍未交付者，本公

司應以本契約當時的保單價值準備金（如有保險單借款者，以扣除其借款本息後的餘額）自動墊繳其應繳的保險費及利息，使本契約繼續有效。但要保人亦得於次一墊繳日前以書面通知本公司停止保險費的自動墊繳。墊繳保險費的利息，自寬限期間終了的翌日起，按墊繳當時○○○○○○的利率計算（不得超過本保單辦理保單借款的利率）。

前項每次墊繳保險費的本息，本公司應即出具憑證交予要保人，並於憑證上載明墊繳之本息及本契約保單價值準備金之餘額。保單價值準備金之餘額不足墊繳一日的保險費且經催告到達後屆三十日仍不交付時，本契約效力停止。

說明：

1. 若續期保險費超過寬限期間仍未交付，保戶可要求壽險公司以當時的保單價值準備金自動墊繳其應繳的保險費及利息，使保險契約繼續有效。通常要保人需在要保書勾選同意自動墊繳或在寬限期間終了前以書面聲明同意自動墊繳[20]。

2. 自動墊繳依照保單價值準備金按日墊繳保費，概念上類似向壽險公司辦理保單貸款，保戶需要負擔利息；自動墊繳保費後，該保單之保單價值準備金將扣除墊

---

[20] 可透過填寫契約內容變更申請書方式申辦。

繳保費本息。

3. 保單價值準備金不足墊繳且催告到達後 30 天內仍不
   繳費，契約效力停止(停效)。

4. 停效期間被保險人發生保險事故，壽險公司不負賠償
   責任。要保人與被保險人可在二年之內辦理復效(恢
   復保單效力)，但需要補繳停效期間的保單價值準備
   金與墊繳保費本息。

契約效力的恢復

第七條

本契約停止效力後，要保人得在停效日起○○年內（不得低
於二年），申請復效。但保險期間屆滿後不得申請復效。
要保人於停止效力之日起六個月內提出前項復效申請，並
經要保人清償保險費扣除停效期間的危險保險費後之餘
額及按○○○○○○計算之利息（不得超過本契約辦理保險單
借款之利率）後，自翌日上午零時起，開始恢復其效力。
要保人於停止效力之日起六個月後提出第一項之復效申
請者，本公司得於要保人之復效申請送達本公司之日起○○
日（不得超過五日）內要求要保人提供被保險人之可保證
明。要保人如未於○○日（不得低於十日）內交齊本公司要
求提供之可保證明者，本公司得退回該次復效之申請。
被保險人之危險程度有重大變更已達拒絕承保程度者，本
公司得拒絕其復效。

本公司未於第三項約定期限內要求要保人提供可保證明，或於收齊可保證明後○○日（不得高於十五日）內不為拒絕者，視為同意復效，並經要保人清償第二項所約定之金額後，**自翌日上午零時起，開始恢復其效力。**

要保人依第三項提出申請復效者，除有同項後段或第四項之情形外，於**交齊可保證明，並清償第二項所約定之金額後，自翌日上午零時起，開始恢復其效力。**

本契約因第六條第二項或第二十三條約定停止效力而申請復效者，除復效程序依前六項約定辦理外，要保人清償保險單借款本息與墊繳保險費及其利息，其未償餘額合計不得逾依第二十三條第一項約定之保險單借款可借金額上限。

基於保戶服務，本公司於保險契約停止效力後至得申請復效之期限屆滿前○個月(不低於三個月)，**將以書面、電子郵件、簡訊或其他約定方式擇一通知要保人有行使第一項申請復效之權利**，並載明要保人未於第一項約定期限屆滿前恢復保單效力者，契約效力將自第一項約定期限屆滿之日翌日上午零時起終止，以提醒要保人注意。

本公司已依要保人最後留於本公司之前項聯絡資料發出通知，視為已完成前項之通知。 第一項約定期限屆滿時，本契約效力即行終止，本契約若累積達有保單價值準備金，而要保人未申請墊繳保險費或變更契約內容時，本公司應主動退還剩餘之保單價值準備金。

說明：

1. **保單因為逾寬限期間保費未繳催告後仍不繳費、保單價值準備金不足墊繳且催告後仍不繳費、保單貸款本息超過保單價值準備金且通知後仍不還款，保險契約停止效力**；但保戶可在半年內，不需提出可保證明文件，即可辦理復效，壽險公司不得拒絕保戶的復效申請。另外若停效超過半年且在二年內，才申請復效，則需提出可保證明文件，例如：提出體檢報告與病歷資料或健康聲明書，並經壽險公司審查後，才可辦理復效；因此壽險公司可以不同意保戶的復效申請。

2. 停效六個月內辦理復效(簡單復效)：不需提出可保性證明即可復效。

3. 停效六個月後~二年內辦理復效(核保復效)：保戶需提出可保性證明；若被保險人體況不佳或不同意壽險公司提出之特別承保條件，壽險公司可拒絕其復效申請。

4. 辦理復效，保戶需要補繳停效期間的儲蓄保費並加計利息，概念上即為補繳保單價值準備金差額。

告知義務與本契約的解除

第八條

要保人在訂立本契約時，對於本公司要保書書面詢問的告知事項應據實說明，如有故意隱匿，或因過失遺漏或為不實的說明，足以變更或減少本公司對於**危險的估計者**，本公司得**解除契約**，其保險事故發生後亦同。**但危險的發生未基於其說明或未說明的事實時，不在此限。**

前項解除契約權，自本公司知有解除之原因後，經過**一個月**不行使而消滅；或自契約訂立後，經過**二年**不行使而消滅。

說明：

1.　不可抗辯條款之精神或目的：限期內確認保險契約當事人之權利義務關係。

2.　本條依據為保險法第 64 條。告知不實之法律學理：危險估計說+因果關係說；包含足以變更或減少壽險公司對於危險的估計而且危險的發生，屬於其說明或未說明的事實。

3.　壽險契約僅要求要保人與被保險人在訂立契約時就書面詢問事項，應盡告知義務；並未要求辦理復效時，需要善盡告知義務。

4. 對於業務人員之口頭詢問或非要保書告知事項之詢問與回覆,原則上不須適用不可抗辯條款。

5. **壽險公司行使解除權之期間限制(除斥期間):訂立契約後二年內或知悉後一個月內。**

6. **壽險公司解除契約後,壽險契約效力追溯至訂立契約時消滅,而且壽險公司無須退還保戶累積所繳保費。**

7. 補充:解除契約並非是解約,兩者效力不同,解約法律名詞為終止。

契約的終止
第九條
要保人得隨時終止本契約。

前項契約之終止,自本公司收到要保人書面通知時,開始生效。

要保人保險費已付足達一年以上或繳費累積達有保單價值準備金而終止契約時,本公司應於接到通知後一個月內償付解約金。逾期本公司應加計利息給付,其利息按給付當時○○○○的利率(不得低於年利率一分)計算。本契約歷年解約金額例表如保單附表。

說明:

1. 保險人不可任意終止保險契約。

2. 保險法 119 條，壽險公司支付的解約金金額不得低於要保人應得保單價值準備金的 3/4。

3. 傳統壽險保單價值準備金，要保人可以選擇以下運用方式：

    (1) 解約：解約之法律名詞為終止，並非解除契約。

    (2) 減少保額(部分解約)

    (3) 減額繳清保險

    (4) 展期定期保險

    (5) 自動墊繳保費

    (6) 保單貸款

保險事故的通知與保險金的申請時間

第十條

要保人或受益人應於知悉本公司應負保險責任之事故後〇〇日（不得少於五日）內通知本公司，並於通知後儘速檢具所需文件向本公司申請給付保險金。

本公司應於收齊前項文件後〇〇日（不得高於十五日）內給付之。但因可歸責於本公司之事由致未在前述約定期限內為給付者，應按年利一分加計利息給付。

說明：

1. 本條文呼應保險法第 58 條保險事故通知義務；要保人、被保險人或受益人，遇有保險人應負保險責任之事故發生，除本法另有規定或契約另有訂定外，應於知悉後 5 日內通知保險人。

2. 要保人或被保險人或受益人負有保險事故發生之通知義務；申辦理賠時，並需檢附與填寫相關理賠給付申請文件。

3. 壽險公司應在收齊文件後，限期內給付保險金；否則需額外支付利息(年利率 10%)。

所繳保險費(並加計利息)的退還、身故保險金或喪葬費用保險金的給付

第十二條

訂立本契約時，以未滿十五足歲之未成年人為被保險人，其身故保險金之給付於被保險人滿十五足歲之日起發生效力；**被保險人滿十五足歲前死亡者，本公司應退還所繳保險費(並加計利息)。**

前項所繳保險費，除第二十一條及第二十二條另有約定外，係以保險費率表所載金額為基礎。

第一項加計利息，係以前項金額為基礎，以○○利率(不高於本保險單計算保險費所採用之預定利率)，依據○○方式（不高於年複利）計算至被保險人身故日之利息。

訂立本契約時，以受監護宣告尚未撤銷者為被保險人，其身故保險金變更為喪葬費用保險金。

前項被保險人於民國九十九年二月三日（含）以後所投保之喪葬費用保險金額總和（不限本公司），不得超過訂立本契約時遺產及贈與稅法第十七條有關遺產稅喪葬費扣除額之半數，其超過部分本公司不負給付責任，本公司並應無息退還該超過部分之已繳保險費。

前項情形，如要保人向二家（含）以上保險公司投保，或向同一保險公司投保數個保險契(附)約，且其投保之喪葬費用保險金額合計超過前項所定之限額者，本公司於所承保之喪葬費用金額範圍內，依各要保書所載之要保時間先後，依約給付喪葬費用保險金至前項喪葬費用額度上限為止，如有二家以上保險公司之保險契約要保時間相同或無法區分其要保時間之先後者，各該保險公司應依其喪葬費用保險金額與扣除要保時間在先之保險公司應理賠之金額後所餘之限額比例分擔其責任。

說明：

1.　為保護弱勢族群並減少道德危險事故發生，保險法令針對未滿 15 足歲之孩童、受監護宣告(例如精神障礙

或心智缺陷障礙)被保險人之理賠金額，訂有身故理賠金額限制。

2. 依據保險法 107 條與示範條款，以未滿 15 足歲之未成年人為被保險人之壽險保單，壽險公司應返還所繳保費加計利息或所繳保費；完全失能保險金仍依照保險金額或契約約定金額理賠。

3. 依據保險法 107 條-1 與示範條款，以受監護宣告尚未撤銷者為被保險人投保壽險保單，其身故保險金名稱改為喪葬費用保險金，賠償金額不得超過遺贈稅法之遺產稅喪葬費用扣除額的 50%。109 年遺產稅喪葬費用扣除額的一半為 61.5 萬。另外，由於保險金額超過部分無效，壽險公司應無息退還超過部分之所繳保費。

除外責任

第十七條

有下列情形之一者，本公司不負給付保險金的責任。

一、要保人故意致被保險人於死。

二、被保險人故意自殺或自成失能。但自契約訂立或復效之日起二年後故意自殺致死者，本公司仍負給付身故保險金或喪葬費用保險金之責任。

三、被保險人因犯罪處死或拒捕或越獄致死或失能。

因第一項各款情形而免給付保險金者，本契約累積達有保單價值準備金時，依照約定給付保單價值準備金予應得之人。

被保險人滿十五足歲前因第一項各款原因致死者，本公司依第十二條約定退還所繳保險費(並加計利息)予要保人或應得之人。

說明：

1. 契約訂立日或復效之日起二年後故意自殺致死，壽險契約仍須理賠。

2. 補充：健康險或傷害險被保險人故意自殺，依示範條款一律不賠。

受益人受益權之喪失
第十八條
受益人故意致被保險人於死或雖未致死者，喪失其受益權。

前項情形，如因該受益人喪失受益權，而致無受益人受領保險金額時，其保險金額作為被保險人遺產。如有其他受益人者，喪失受益權之受益人原應得之部份，按其他受益人原約定比例分歸其他受益人。

說明：

目的為防範保險犯罪與減少道德危險，避免受益人因為保險犯罪而獲利。

欠繳保險費或未還款項的扣除
第十九條
本公司給付各項保險金、解約金、返還保單價值準備金或退還所繳保險費(並加計利息)時，如要保人有欠繳保險費（包括經本公司墊繳的保險費）或保險單借款未還清者，本公司得先抵銷上述欠款及扣除其應付利息後給付其餘額。

說明：

保戶欠繳保費或欠繳的借款本息，應從保險給付中扣除。

保險金額之減少

第二十條

要保人在本契約有效期間內，得申請減少保險金額，但是減額後的保險金額，不得低於本保險最低承保金額，其減少部分依第九條契約終止之約定處理。

說明：

1. 傳統壽險要保人申請保險金額減少後，未來保險金額縮小。因此未來的保單價值準備金、解約金、身故保險金、失能保險金、滿期保險金或生存保險金給付金額都依照減少後的保險金額計算。

2. 在保險單繳費期間內，未來各期保險費仍需依照減少後的保險金額計算與繳納。

3. 減少保險金額屬於部分解約，與減額繳清保險不同。

減額繳清保險（不含躉繳及一年期人壽保險）
第二十一條

要保人繳足保險費累積達有保單價值準備金時，要保人得以當時保單價值準備金扣除營業費用後的數額作為一次繳清的躉繳保險費，向本公司申請改保同類保險的「減額繳清保險」，其保險金額如附表。要保人變更為「減額繳清保險」後，不必再繼續繳保險費，本契約繼續有效。其

保險範圍與原契約同，但保險金額以減額繳清保險金額為準。

要保人選擇改為「減額繳清保險」當時，倘有保單借款或欠繳、墊繳保險費的情形，本公司將以保單價值準備金扣除欠繳保險費或借款本息或墊繳保險費本息及營業費用後的淨額辦理。

本條營業費用以原保險金額之百分之一或以其保單價值準備金與其解約金之差額，兩者較小者為限。

第一項情形，在被保險人滿十五足歲前身故者，本公司以辦理「減額繳清保險」時之躉繳保險費計算退還所繳保險費(並加計利息)。

前項加計利息，係以躉繳保險費為基礎，自辦理減額繳清保險生效日起至被保險人身故日止，依第十二條第三項約定之利率及計息方式計算。

說明：

1. 減額繳清保險（Reduced Paid-up Insurance）：人壽保險契約累積有保單價值準備金後，保戶若因經濟困難或保障已足夠，可選擇調降原保險契約之保險金額，並以當時保單價值準備金作為躉繳保費繳費。

2. 辦理減額繳清保險後變化：保險金額減小、保險期間不變、保險商品不變、未來不需要再繳納保費。

3. 保戶辦理減額繳清保險後，未來不需要再繳納保費，

未來的保障金額與生存金、滿期金額度則依照調降後之保險金額計算。

展期定期保險（不含躉繳及一年期人壽保險）

第二十二條

要保人繳足保險費累積達有保單價值準備金時，要保人得以當時保單價值準備金扣除營業費用後的數額作為一次繳清的躉繳保險費，向本公司申請改為「展期定期保險」，其保險金額為申請當時保險金額扣除保險單借款本息或墊繳保險費本息後之餘額。要保人不必再繼續繳保險費，其展延期間如附表，但不得超過原契約的滿期日。

如當時保單價值準備金扣除營業費用後的數額超過展期定期保險至滿期日所需的躉繳保險費時，要保人得以其超過款額作為一次躉繳保險費，購買於本契約期滿時給付的「繳清生存保險」，其保險金額如附表。

要保人選擇改為「展期定期保險」當時，倘有保單借款或欠繳、墊繳保險費的情形，本公司將以保單價值準備金扣除欠繳保險費或借款本息或墊繳保險費本息及營業費用後的淨額辦理。

本條營業費用以原保險金額之百分之一或以其保單價值準備金與其解約金之差額，兩者較小者為限。

第一項情形，在被保險人滿十五足歲前身故者，本公司以辦理「展期定期保險」時之躉繳保險費計算退還所繳保險費(並加計利息)。

前項加計利息，係以躉繳保險費為基礎，自辦理展期定期保險生效日起至被保險人身故日止，依第十二條第三項約定之利率及計息方式計算。

說明：

1. 展期定期保險(Extended Term Insurance)：人壽保險契約累積有保單價值準備金後，保戶若因經濟困難且需要壽險保障，可選擇辦理展期定期保險。

2. 保戶辦理展期定期保險後，由於以當時保單價值準備金作為躉繳保費繳納定期壽險保費，所以未來不需要再繳納保費。若保單價值準備金金額足夠，繳納躉繳定期壽險保費後仍有剩餘，將於保險契約期滿時或依契約約定時點支付生存保險金。

3. 辦理展期定期保險後保單的變化：保險金額不變、保險期間可能縮短、保險商品改變為定期壽險、未來不需要再繳納保費且可能另可領取一筆生存保險金。

保險單借款及契約效力的停止

第二十三條

要保人繳足保險費累積達有保單價值準備金時，要保人得向本公司申請保險單借款，其可借金額上限為借款當日保單價值準備金之○○％，未償還之借款本息，超過其保單價值準備金時，本契約效力即行停止。但本公司應於效力停止日之三十日前以書面通知要保人。

本公司未依前項規定為通知時，於本公司以書面通知要保人返還借款本息之日起三十日內要保人未返還者，保險契約之效力自該三十日之次日起停止。

說明：

1. 保單借款方式多元化：要保人辦理保單借款，可能採取委託業務人員辦理、臨櫃辦理、電話語音與銀行ATM保單借款等多元方式。

2. 保單借款利率自由化：各公司考量商品預定利率、宣告利率或放款利率後，制定各商品之保單貸款利率水準。另外各公司將依照險種別或躉繳分期繳別，訂立保單的可貸成數。

3. 壽險公司應每月公告保單貸款利率，民眾可至網站查詢或到保戶服務櫃台洽詢。

4. 壽險公司可因應公司策略與資金情況，在不違反法規與條款約定條件下，調整不同繳費方式或不同商品種類之可借金額上限。

5. 未償還之借款本息，超過其保單價值準備金時，契約效力即行停止。但壽險公司應於效力停止日之三十日前以書面通知要保人。

投保年齡的計算及錯誤的處理
第二十五條
要保人在申請投保時，應將被保險人出生年月日在要保書填明。被保險人的投保年齡，以足歲計算，但未滿一歲的零數超過六個月者，加算一歲。
被保險人的投保年齡發生錯誤時，依下列規定辦理：
一、真實投保年齡較本公司保險費率表所載最高年齡為大者，本契約無效，其已繳保險費無息退還要保人。
二、因投保年齡的錯誤，而致溢繳保險費者，本公司無息退還溢繳部分的保險費。但在發生保險事故後始發覺且其錯誤發生在本公司者，本公司按原繳保險費與應繳保險費的比例提高保險金額，而不退還溢繳部分的保險費。
三、因投保年齡的錯誤，而致短繳保險費者，要保人得補繳短繳的保險費或按照所付的保險費與被保險人的真實年齡比例減少保險金額。但在發生保險事故後始發覺且其

錯誤不可歸責於本公司者，要保人不得要求補繳短繳的保險費。

前項第一款、第二款前段情形，其錯誤原因歸責於本公司者，應加計利息退還保險費，其利息按○○○○○○利率計算（不得低於本保單辦理保單借款之利率與民法第二百零三條法定週年利率兩者取其大之值）。

說明：

1. 真實年齡超過商品最高承保年齡，保險契約無效，壽險公司應無息退還保費；若歸因於壽險公司過失，壽險公司應依約加計利息退還保費。

2. 溢繳保費處理：若有投保年齡錯誤，壽險公司應無息退還溢繳保費；若歸因於壽險公司過失，壽險公司應依約加計利息退還保費。保險事故發生後，若錯誤原因歸因於壽險公司，壽險公司應依照原繳保險費與應繳保險費的比例提高保險金額。

3. 短繳保費處理：保險事故發生前因投保年齡的錯誤，而致短繳保險費者，保戶可補足累積保費差額或減少保額。保險事故發生後，若錯誤原因歸因於保戶，壽

險公司得依照原繳保險費與應繳保險費的比例降低理

賠金額。

受益人的指定及變更

第二十六條

失能保險金的受益人,為被保險人本人,本公司不受理其
指定或變更。

除前項約定外,要保人得依下列規定指定或變更受益人:

一、於訂立本契約時,經被保險人同意指定受益人。

二、於保險事故發生前經被保險人同意變更受益人,如要
保人未將前述變更通知保險公司者,不得對抗保險公司。

前項受益人的變更,於要保人檢具申請書及被保險人的同
意書送達本公司時,本公司應即予批註或發給批註書。

說明:

1. 受益人需與要保人或被保險人符合保險利益關係。

2. 失能保險金(全部失能)受益人限制為被保險人本人。

3. 受益人除了可指定個人外,也可以指定法人機構,亦
   可辦理保險金信託並設定銀行為第一順位受益人。

變更住所

第二十七條

要保人的住所有變更時，應即以書面通知本公司。

要保人不為前項通知者，本公司之各項通知，得以本契約所載要保人之最後住所發送之。

說明：

要保人搬家或變更地址，務必通知壽險公司，否則通知視同送達。

時效

第二十八條

由本契約所生的權利，自得為請求之日起，經過兩年不行使而消滅。

說明：

1. 法源為保險法第 65 條之時效消滅規範。

2. 為避免保險理賠請求權發生時效消滅情形，要保人或受益人應該在保險事故發生後且知情之日起，兩年內申請理賠。

第三節　利率變動型壽險、萬能壽險與投資型壽險商品概要

一、利率變動型壽險[21]

　　利率變動型壽險與傳統壽險相似，依據預定利率等變數累積保單價值準備金、採定期繳費而且未充分揭露費用。另與萬能壽險有一處相似，同樣定期公佈宣告利率，並計算利差回饋。利率變動型壽險之特色如下：

1. 定期繳納保費：利率變動型壽險與傳統型壽險相同，必須定期繳納保費且繳費金額固定，分為年繳、半年繳、季繳、月繳或躉繳等。

2. 依預定利率累積保單價值準備金並定期提供利差回饋：利率變動型壽險與傳統型壽險相同，各年度的保障與保單價值準備金金額在投保時已依照預定利率等變數計算；但後續定期透過宣告利率與預定利率的利差值，乘上保單價值準備金的方式，定期額外計算利差回饋或增值回饋分享金。

---

[21] 參廖勇誠(2016)，第三章

3. 費用未明確揭露：通常利率變動型壽險之各項費用項目，並未逐一明確揭露。

4. 保險金額無法彈性調整：利率變動型壽險與傳統型壽險相同，保險金額無法彈性調整。

二、萬能壽險

　　萬能壽險為壽險保障結合繳費彈性與保額彈性，並依宣告利率累積保單價值準備金的人壽保險商品。萬能壽險特色摘要如下：

1. 彈性繳費：繳費金額與繳費額度彈性，保戶可依據自己的經濟狀況決定繳費頻率與額度；並無傳統型壽險的繳費限制。

2. 保額可彈性調整：在符合規範下，投保保額可隨保戶需求調整，並無傳統型壽險的僵化。

3. 依宣告利率累積保單價值準備金：宣告利率並非保證，可能上調、下調或維持不變，宣告利率與資產區隔帳戶之投資報酬率、市場利率或類似商品之投資報酬率攸關。

4. 費用充分揭露：各項費用充份揭露，讓保戶可充分了解費用明細。

　　保障型態方面，萬能壽險與投資型壽險相似，同樣可區分為二種保障型態(甲型與乙型)，甲型身故給付為兩者取大：Max (保額, 保單價值準備金x係數)，乙型身故給付為保險金額加上保單價值準備金。另外萬能壽險也需受最低死亡保障倍數之限制，而且要保人投保時及每次繳交保險費時，需重新計算各契約應符合之最低死亡保障倍數比率。

三、投資型人壽保險[22]

　　投資型人壽保險為人壽保險保障結合共同基金等投資標的之人壽保險商品，商品名稱包含變額壽險、變額萬能壽險或投資連結型保險等。投資型壽險以**累積單位**方式累積**保單帳戶價值**；保戶繳納的保費扣除附加費用後，壽

---

[22] 參賀冠群、廖勇誠(2017)；壽險業對於利率變動型壽險累積資產，需要辦理資產區隔帳戶管理，並由壽險公司負責資金運用。

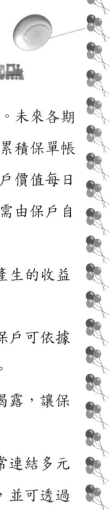

險公司依照保戶之指定，將資金投入特定標的。未來各期保戶所繳保費扣除費用後，多以基金單位方式累積保單帳戶價值。由於單位淨值每日波動，因此保單帳戶價值每日變動，投資報酬亦隨基金淨值起伏，投資風險需由保戶自行承擔。投資型人壽保險具有以下特色：

1. **投資風險由保戶承擔**：投資型保險商品所產生的收益或虧損，由保戶自行承擔。

2. 彈性繳費：投資型商品的繳費方式彈性，保戶可依據自己的經濟狀況決定繳費頻率與繳費額度。

3. 費用充分揭露：投資型商品各項費用充份揭露，讓保戶可充分了解費用明細。

4. 提供多元化投資標的選擇：投資型壽險通常連結多元化投資標的，要保人可自主選擇投資標的，並可透過定期定額投資或免費基金轉換，定期調整資產配置。

5. 保險金額可依需求調整：在符合規範下，可彈性配合保戶保障需求，彈性調整保戶保險金額。

　　投資型人壽保險之保障型態可區分成二種型態，甲型為保險金額與保單帳戶價值二者取大型態；乙型則為保險金額與保單帳戶價值二者相加總型態。另外，投資型壽險須符合最低死亡保障倍數，以避免投資型保險之保障成分過低。而且，「要保人投保時及每次繳交保險費時」，需重新計算各契約應符合之最低死亡保障倍數比率。此外，壽險公司對於分期繳投資型人壽保險，通常也訂有保費與保額之倍數限制。

四、投資型保險連結標的概況

　　投資型保險之連結標的，可摘要列表如下：

表 4.4 投資型保險的連結標的概況

標的別	連結標的
共同基金	績優基金公司的台幣或外幣基金，包含股票型基金、平衡式基金與債券型基金或國內國外各型態的基金標的。
結構型債券	結構型債券(Structure Notes)，訂有幣別、保本率與連結標的之限制。
全權委託投資帳戶	● 壽險公司可委託投信公司或投顧公司，代為管理特定全權委託投資帳戶。 ● 帳戶可依照風險屬性區分(Target Risk)諸如：積極型、穩健型、保守型帳戶；也可以為目標到期基金(Target Maturity)，訂有投資帳戶之目標到期日。
ETF指數股票型基金	連結國內外指數股票型基金 ETF(Exchange Traded Fund)。
國外債券	諸如澳洲或美國債券，可以定期配息。
貨幣帳戶	每月依照宣告利率累積帳戶價值，概念上相近於利率變動型年金的帳戶累積方式，可能包含諸如台幣、美元、歐元、澳幣及其他幣別貨幣帳戶。

五、商品特色簡易比較表

*答題時只需要挑選考題要求的項目，不須要多寫。

1.萬能壽險與傳統壽險特色比較

項目/商品別	萬能壽險	傳統壽險
商品概念	定期存款 +定期壽險	定期壽險、終身壽險、養老壽險
保單價值準備金累積	依照宣告利率累積(宣告利率定期調整)	依照預定利率等變數累積(預定利率固定不變)
保費繳納	彈性保費	定期繳納保費、蠆繳
費用揭露	費用明確揭露	費用未明確揭露
保險金額	保額可彈性調整	保額固定

2. 變額萬能壽險與傳統壽險特色比較

項目/商品別	變額萬能壽險(投資型壽險)	傳統壽險
商品概念	共同基金等標的+定期壽險	定期壽險、終身壽險、養老壽險
保單價值準備金累積	依照基金淨值與單位數累積保單帳戶價值	依照預定利率等變數累積(預定利率固定不變)
保費繳納	彈性保費	定期繳納保費、躉繳
費用揭露	費用明確揭露	費用未明確揭露
投資風險承擔	保戶承擔投資風險	壽險公司承擔投資風險
保險金額	保額可彈性調整	保額固定
其他	多元化投資標的選擇、免費基金移轉	

3.變額萬能壽險與萬能壽險特色比較

商品別	變額萬能壽險 (投資型壽險)	萬能壽險
商品概念	共同基金等標的 +定期壽險	定期存款 +定期壽險
保單價值準備金累積	依照基金淨值與單位數累積保單帳戶價值	依照宣告利率累積(宣告利率定期調整)
保費繳納	彈性保費	彈性保費
費用揭露	費用明確揭露	費用明確揭露
客戶主要風險承擔	投資風險由保戶承擔	利率波動風險由保戶承擔
保險金額	保額可彈性調整	保額可彈性調整
其他	多元化投資標的選擇、免費基金移轉	IRR 穩定、費用低

4.傳統壽險與利率變動型壽險特色比較

項目/商品別	利率變動型壽險	傳統壽險
商品概念	傳統壽險(定期壽險、終身壽險或養老壽險)+利差回饋	定期壽險、終身壽險、養老壽險
保單價值準備金累積	● 傳統壽險部分:依照預定利率等變數累積 ● 利差回饋:依照宣告利率扣除預定利率計算累積	依照預定利率等變數累積(預定利率固定不變)
保費繳納	定期繳納保費、薹繳	定期繳納保費、薹繳
費用揭露	費用未明確揭露	費用未明確揭露
保險金額	傳統壽險保額固定	保額固定
備註	利差回饋若選擇增額繳清保額,保額將增加	可以設計為分紅或不分紅保單

第四節 人壽保險商品死亡給付之最低比率規範

為了強化壽險保障功能、並降低偏重儲蓄投資功能的產業發展趨勢，金管會制定壽險商品死亡給付之最低比率規範。壽險業 109 年 7 月 1 日起施行金管會關於人壽保險商品死亡給付對保單價值準備金(保單帳戶價值)之最低比率規範。

一、比率計算

1. 非投資型人壽保險：

    (死亡給付 ／ 保單價值準備金) x 100%。

2. 投資型人壽保險：

    (死亡給付 ／ 保單帳戶價值) x 100%。

*投資型壽險保單價值準備金改稱為保單帳戶價值。

*比率愈高，代表死亡保障倍數愈高，儲蓄投資效果愈低。

二、符合最低保障比率規範期間

1. <u>傳統壽險(非投資型人壽保險或萬能人壽保險)</u>：保險期間內全期都需要符合最低比率要求。利率變動型壽險

也屬於傳統壽險，只有萬能壽險與投資型壽險非屬於傳統壽險。

2. <u>投資型壽險及萬能壽險</u>：要保人投保時、每次繳交保險費時及申請基本保額變更時，需要符合最低比率要求。

三、最低比率數值規定

1. 規範對象：被保險人(保險年齡到達 16 歲以上)。15 足歲以下被保險人由於須適用身故退還所繳保費規範，因此無須適用。被保險人年齡已到達 16 歲以上(依當時到達年齡)，就需要適用最低比率規範。

2. 保障比率隨年齡而遞減：年紀愈輕、應符合更高的保障比率要求。概念為保戶年紀愈輕、所需要的壽險保障愈高、因此適用的最低保障比率愈高。

3. 投資型壽險、萬能壽險與傳統壽險一體適用相同最低保障比率要求。

4. 各年齡層應符合之最低比率規範：100%~190%。

表 4.5 各年齡層應符合之最低比率規範

被保險人 年齡級距	最低保障比率	所需保障金額範例 (100 萬元躉繳保費)
16 歲~30 歲	190%	190 萬
31 歲~40 歲	160%	160 萬
41 歲~50 歲	140%	140 萬
51 歲~60 歲	120%	120 萬
61 歲~70 歲	110%	110 萬
71 歲~90 歲	102%	102 萬
≧91 歲	100%	100 萬

第五節　模擬考題與解析

1. 以下敘述何者有誤？　A.終身生死合險可提供終身之死亡保障　B.終身還本壽險可用於子女教育基金、退休養老儲蓄　C.定期壽險無現金價值　D.遞減定期壽險適合未來有房屋貸款的保戶

解答：C

● 還本終身保險也屬於生死合險，生死合險不單純包含定期養老保險。

● 定期壽險也有現金價值，只是金額相對低。

2. 小李現年25歲，剛找到一份工作，月薪3.1萬元，並準備結婚。請問小李適合的保單為？　A.生死合險　B.定期保險　C.終身保險　D.年金保險

解答：B

● 定期險保障高、保費低，適合收入偏低且支出比重高的社會新鮮人或準備結婚新人投保。

3. 有關人壽保險之敘述，下列何者錯誤？ A.生存保險之被保險人於契約有效期間內死亡，無保險給付 B.可能有定期或終身 C.定期壽險於保險期間若無保險事故發生，壽險公司不需理賠，惟應退還所繳保險費 D.生死合險又稱養老保險

解答：C

● 定期壽險期滿契約消滅，不需退還任何保險費。

4. 有關變額型投資型保險之敘述，下列何者錯誤？ A.可由要保人自行選擇投資標的 B.要設置專設帳戶管理 C.要保人無須承擔投資風險 D.保險金額及現金價值由投資績效而定

解答：C

● 投資型保險需由要保人承擔投資風險，明顯與傳統壽險不同。

5. 保險契約有疑義時，應作有利於何人的解釋為準
A.被保險人　B.受益人　C.保險人　D.以上皆非。

解答：A

6. 依保險法第 64 條規定，保險人得解除契約須具備的要件有　A.要保人故意隱匿或過失遺漏，或為不實之說明　B.須足以變更或減少保險人對於危險之估計　C.要保人之不實告知，須在契約訂立時所為　D.以上皆是。

解答：D

7. 下列何種年金險，適用於已擁有大筆退休金，計畫直接轉換為分期給付之退休族群？A.定期保險 B.分期繳費遞延年金保險 C.遞延年金保險 D.即期年金保險

解答：D

● 即期年金保險採躉繳保費，且次年立即可以領取年金給付。

8. 自動墊繳保費本息，若超過保單價值準備金時，對於契約效力有何影響？
   A.失效　B.停效　C.仍然有效　D.終止

解答：B

9. 下列何者是保險契約之包含範圍：
   A.條款　B.批註或批單　C.要保書　D.以上皆是

解答：D

10. 若要保人交付保險費後，隔天發生保險事故，而且壽險公司的核保標準為承保但尚未發單，此時壽險公司是否應予理賠？

　　A.賠　B.不賠　C.退還所繳保費　D.賠一半

解答：A

第五章　個人年金保險商品概要、條款與考題解析

第五章 個人年金保險商品概要、條款與考題解析

第一節 台灣年金保險發展的背景[23]

一、年金保險發展背景

1. 高齡化社會趨勢：老年人口增加、少子化、人口結構改變。

2. 家庭結構改變：從大家庭轉變為二代式的小家庭結構。

3. 就業結構的改變：產業結構轉變為以服務業為主軸、女性勞動參與率增加以及高齡老年勞動參與率較低。

4. 國民所得與經濟環境：物價攀升與基本工資調升、高齡所得偏低與低利率環境。

5. 財富管理與退休年金制度之趨勢：隨著社會保險年金、勞退新制、財富管理的盛行以及年金改革衝擊，使得國民更重視於年金保險的理財功能。

---

[23]參壽險公會，人身保險業務員資格測驗訓練教材，方明川(2011)，廖勇誠(2012)

二、三層制老年經濟安全制度

　　現行台灣的年金保險制度，包含社會年金保險及商業年金保險。社會年金保險由政府辦理並要求特定身分民眾強制投保的社會保險。

　　現行勞工保險包含老年年金、失能年金及遺屬年金等三種年金制度；國民年金保險也涵括老年年金、身心障礙年金及遺屬年金等三種年金制度。除社會保險年金外，勞工尚有勞工退休金制度或勞基法退休制度。

　　另外公教人員除了公教人員保險外；公務人員尚有公務人員退撫制度、公私立學校教職員則有公私校退撫制度。社會保險年金、雇主/企業年金制度及個人年金制度，構建出三層制老年經濟安全制度。

圖5.1　三層制老年經濟安全制度

第二節 商業年金保險商品分類概要

保險法第 135 條－1 規定：「年金保險人於被保險人生存期間或特定期間內，依照契約負一次或分期給付一定金額之責。」可知年金保險的定義，應以生存與否的保險事故，作為年金給付與否的標準，年金保險可說是透過保險契約的方式提供客戶生存期間年金給付的商品[24]。年金保險商品的分類可以列述如下：

1. 年金保險依繳納保費方式分類

年金保險依照繳納保費方式分類，可分為躉繳保費與分期繳費年金保險。躉繳保費只繳納一次保費；分期繳保費需要定期繳納保費。

許多銀行銷售的年金保險都以躉繳為主，投保躉繳年金保險通常保費的門檻比較高，諸如：10 萬~50 萬台幣。通常傳統型即期年金保險為躉繳；利率變動型年金保險也

---

[24] 廖勇誠(2012)，個人年金保險商品實務與研究，第 1 章

絕大部分為躉繳；變額年金保險則有躉繳與分期繳結合彈性繳費的商品型態。

變額年金的繳費方法可採取彈性繳費，彈性繳費即為不定期不定額繳費，保戶可隨預算多寡彈性繳費，可以多次繳納、也可以只繳納一次，保費繳納金額不固定，可高可低，充滿彈性。彈性繳費的另一特色為保費繳納金額或繳納時點通常不影響契約效力，明顯與傳統型壽險商品不同。

舉例來說，許多壽險公司銷售的分期繳變額年金保險商品，保戶繳納目標保費或基本保費外，還可以彈性繳納增額保險費，而且保戶可辦理緩繳或停繳目標保費或基本保費，十分便捷[25]。

2. 年金保險依照年金給付始期分類

年金保險依照年金給付始期分類，可分為即期年金保險與遞延年金保險。

(1)即期年金保險

---

[25] 廖勇誠(2012)，個人年金保險商品實務與研究，P.9

即期年金保險為躉繳保費年金商品，保戶投保後當年年底或下一期就可以定期領取年金給付，非常適合屆臨退休年齡客戶或已累積足夠退休金的客戶投保。

(2)遞延年金保險

遞延年金保險在遞延期間之後，進入年金給付期間才開始領取年金給付。遞延年金保險的契約期間可區分為累積期間(遞延期間)與年金給付期間。

保戶繳納保費後，年金保單的保單價值準備金將依據商品預定利率、宣告利率或基金淨值累積保單帳戶價值，等到年金化後進入年金給付期間，年金被保險人生存，受益人就可以定期領取終身生存年金給付，可以提供保戶活的愈久，領的越多的退休生活保障。

台灣利率變動型年金保險示範條款，包含二類型利率變動型年金保險示範條款：甲型與乙型。甲型與乙型的主要差異如下：

◇　甲型為定額年金給付：在年金給付開始後年金給付金額隨即維持固定不變。

◇　乙型則為利率變動型年金給付概念：在年金給付開始

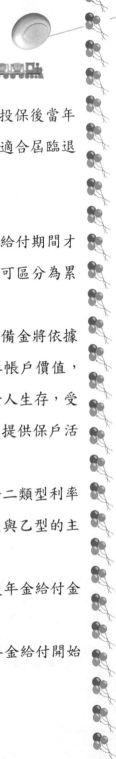

後，當期年金給付金額依照前期年金給付金額及宣告利率與預定利率調整。

3. 年金保險依照商品種類或給付單位為定額或變額分類

　　年金保險依照商品種類或給付單位為定額或變額分類，可以區分為定額年金與變額年金。若依照台灣年金保險的上市險種與條款進一步分類，可分為傳統型年金保險、利率變動型年金保險與變額年金保險。

　　傳統型年金保險，預定利率維持不變，並由壽險公司承擔長期利率風險。利率變動型年金之宣告利率定期調整；變額年金之投資報酬率繫於實際投資績效，保戶必須自行承擔投資風險，三者明顯不同。

　　相較之下，利率變動型年金保險與變額年金保險屬於新型態的年金保險商品，金融理財功能較強。利率變動型年金商品，其概念類似一年定期存款或定期儲蓄存款加上終身生存年金保險保障[26]。另外，變額年金保險商品，其

---

[26]103 年起，利率變動型年金與萬能壽險商品的解約費用期間，至少都需要大於或等於 6 年，且各年之解約費用率至少 1%。

概念類似共同基金等投資標的加上終身生存年金保險保障。列舉說明如下：

(1)傳統型(遞延)年金保險：壽險公司將要保人繳交的保險費扣除費用後，依預定利率累積年金保單價值準備金；遞延期滿得依年金保單價值準備金計算年金金額並給付年金。

(2)利率變動型(遞延)年金保險：壽險公司將要保人繳交的保險費扣除費用後，依宣告利率累積年金保單價值準備金；遞延期滿得依年金保單價值準備金計算年金金額並給付年金。

(3)變額(遞延)年金保險：壽險公司將要保人繳交的保險費扣除費用後，投入要保人選擇的投資標的，並依據標的淨值與單位數累積保單帳戶價值；遞延期滿得依保單帳戶價值計算年金金額並給付年金。

4. 年金保險依照年金給付方式或有無保證金額分類

(1)終身生存年金保險(純粹終身生存年金)：被保險人生存才給付年金。

(2)保證期間終身年金保險：保證期間內身故，壽險公司仍繼續給付年金予受益人到保證期間屆滿為止或給付未支領年金餘額現值予受益人，例如：最低保證領取 10 年、15 年或 20 年的年金給付。

(3)保證金額終身年金保險：若被保險人身故時，累積已領取年金給付金額低於保證金額時，壽險公司應給付年金受益人保證金額扣除累積已領取年金給付金額之差額，例如：最低保證金額可設計為累積所繳保費或設計為遞延期滿時之年金保單價值準備金金額。

5. 年金保險依照年金領取人人數分類

(1)個人年金保險：年金被保險人只有 1 人。

(2)連生年金保險(多數受益人年金保險)：年金被保險人有 2 人或 2 人以上。

(3)團體(企業)年金保險：一張團體年金保單同時承保 5 人以上之企業或機構組織內所有成員或大部份成員。

第三節 個人年金保險商品介紹

一、傳統型年金保險或遞延年金給付期間費率的主要計算基礎

1. 預定危險發生率(生存率)：生存率愈高，預期領取生存給付愈多，保費愈貴。（與保費成正比）

2. 預定利率或宣告利率：利率愈低，保單預定利息收入愈低或保單折現率愈低，保費將愈貴。（與保費成反比）

3. 預定附加費用率：費用率愈高，需要收取的費用就愈高，保費將愈貴。（與保費成正比）

二、利潤來源三因素：壽險公司傳統型年金或遞延年金給付期間

1. 生存利益：實際生存率 < 預定生存率 (給付期間或傳統型年金)

2. 利差益：實際投資報酬率 > 預定利率或宣告利率

3. 費差益：實際費用率 < 預定費用率

三、年金保險責任準備金提存

1. 傳統型即期年金保險或傳統型遞延年金給付期間之最低責任準備金提存，採取平衡準備金制度，而非修正制準備金制度。

2. 利率變動型遞延年金保險累積期間責任準備金提存，以年金保單價值準備金全額提存，給付期間則依照平衡準備金制提存，但乙型需另依照宣告利率等變數調整責任準備金提存金額[27]。

3. 利率變動型遞延年金保險在累積期間，若提供保證利率，需依照附保證利率之責任準備金計算方式增提準備金。

4. 給付期間預定危險發生率(利率變動型年金與傳統型年金相同)：自101/7/1起新銷售之年金保險商品，其預定危險發生率，以「台灣壽險業第二回年金生命表」為基礎由各公司自行訂定，計提責任準備金之生命表

---

[27]壽險採修正制準備金提存，調降首年準備金提存金額；年金保險則未採修正制準備金，完全依照平衡準備金足額提存。

也以「台灣壽險業第二回年金生命表」為基礎。

5.　變額遞延年金保險累積期間責任準備金提存，以保單帳戶價值全額提存，給付期間則依照平衡準備金制提存，但乙型需另依照宣告利率等變數調整責任準備金提存金額。

四、壽險公司年金保險資產帳戶之管理

1.　傳統型年金資產仍歸屬於一般帳戶管理，並由壽險公司投資。

2.　利率變動型年金資產必須採取資產區隔帳戶管理，並由壽險公司投資。

3.　變額年金資產必須採分離帳戶管理，資金運用視要保人選定之連結標的而定。

五、利率變動型年金保險與傳統型人壽保險商品差異比較
　　年金保險與人壽保險差異頗多，就利率變動型年金保險與傳統型壽險比較差異如下：

表 5.1 利變年金 VS. 傳統壽險

項目	利率變動型年金保險	傳統型人壽保險
主要商品	即期年金，遞延年金	**定期壽險、終身壽險、養老保險**
身故保障	◆ 即期年金:無身故保障,保證期間身故退還未支領之保證年金餘額 ◆ 遞延年金:累積期間身故返還保單價值準備金予要保人,並無額外保險給付予受益人	◆ 身故保險金:依契約約定的保險金額給付 ◆ 若為儲蓄型保險,身故保險金常採保險金額、保單價值準備金、所繳保費扣除已領生存金等,依三者取最高者給付。
純保費計算基礎	◆ 傳統型年金或遞延年金給付期間之費率,通常考慮生存率、預定利率或宣告利率 ◆ 年金給付日年齡愈輕,保費愈貴	◆ **死亡率與預定利率** ◆ **年紀愈輕,通常保費愈便宜**
生存給付	◆ 活得愈久、領得愈多屬於年金給付型態 ◆ 遞延期滿一次給付	◆ 可能為一次給付的滿期保險金、定期給付的生存保險金或無生存給付型態
費用揭露	◆ 費用明確揭露	◆ **未明確揭露,保戶無法得知費用明細**

項目	利率變動型年金保險	傳統型人壽保險
保單貸款	◆ 即期年金:不可辦理保單貸款 ◆ 遞延年金:累積期間可辦理保單貸款,年金給付期則否	◆ 可辦理保單貸款
解約或提領	◆ 即期年金:投保後不可辦理解約或提領 ◆ 遞延年金:累積期間可辦理解約或提領,年金給付期則否	◆ **可辦理全部解約或部分解約**
責任準備金提存	◆ 累積期間:提存金額為年金保單價值準備金 ◆ 給付期間或即期年金:平衡責任準備金	◆ 台幣保單之責任準備金提存利率約為0.5%~2% ◆ 採修正制責任準備金

六、利率變動型年金與變額年金商品特色比較

　　就利率變動型遞延年金與變額遞延年金商品,比較二者特色如下:

表 5.2 變額遞延年金 VS. 利變年金

商品別	變額遞延年金	利率變動型遞延年金
概念	共同基金等標的+年金給付	定期存款+年金給付
保單價值準備金累積	依照基金淨值與單位數累積保單帳戶價值	依照宣告利率累積(宣告利率定期調整)
保費繳納	彈性保費	彈性保費
費用揭露	費用明確揭露	費用明確揭露
客戶主要風險承擔	投資風險由保戶承擔	利率波動風險由保戶承擔
其他	多元化投資標的選擇、免費基金移轉	IRR 穩定、費用低

七、利率變動型遞延年金與傳統遞延年金比較

表 5.3 利變遞延年金 VS. 傳統遞延年金

商品別	利率變動型遞延年金	傳統型遞延年金
1.保價金累積利率(遞延期間)	◆ 宣告利率通常適用一年	◆ 長期適用固定的預定利率
2.附加費用及解約費用	◆ 一定要收取附加費用，解約費用率至少收取六年，每年至少 1%。	◆ 主要為附加費用 ◆ 躉繳：最高 5% ◆ 分期繳：8.5%~11%
3.身故保障(遞延期間)	◆ 返還保單價值準備金予要保人	◆ 返還保單價值準備金予要保人
4.準備金提存	◆ 遞延期間：年金保單價值準備金 ◆ 給付期間：平衡制準備金	◆ 平衡制準備金
5.壽險公司利率風險	◆ 遞延期間：通常為一年 ◆ 給付期間：長期固定利率	◆ 長期固定利率保證風險

第四節 個人年金保險商品示範條款摘要與說明

考量台灣壽險市場的傳統型年金保險商品銷售佔率低且即期年金保險的銷售業績有限，因此本單元以利率變動型遞延年金示範條款為核心，摘錄較重要的示範條款內容並提出說明如後。

名詞定義

第二條

本契約所稱「保證期間」係指依本契約約定，不論被保險人生存與否，本公司保證給付年金之期間。

本契約所稱「保證金額」係指依本契約約定，不論被保險人生存與否，本公司保證給付年金之總額。

本契約所稱「年金金額」係指依本契約約定之條件及期間，本公司分期給付之金額。

本契約所稱「未支領之年金餘額」係指被保險人於本契約年金保證期間（或保證金額）內尚未領取之年金金額。

本契約所稱「宣告利率」係指本公司於本契約生效日或各保單週年日當月宣告並用以計算該年度年金保單價值準備金之利率，該利率本公司將參考○○○訂定之，且不得為負數。

本契約所稱「預定利率」係指本公司於年金給付開始日用以計算年金金額之利率。

說明：

1. 為避免投保年金保險後，因短期身故而造成保戶虧損，年金給付方式常採用最低保證領取 10 年、15 年、20 年、25 年或最低保證金額為所繳保費或累積期滿保價金等方式。若被保險人在保證期間身故，壽險公司依契約約定支付未支領之年金餘額給受益人。

2. 即期年金或遞延年金之年金給付期間，可分為兩種給付型態：甲型與乙型，甲型年金給付金額為固定金額，乙型則透過宣告利率調整每期年金領取金額。

3. 即期年金與遞延年金年金給付期間內，不得辦理終止 (解約)、提領或保單貸款。

年金保單價值準備金的通知與計算
第六條
年金給付開始日前，本公司於本契約每一保單年度末，應依約定方式通知要保人其年金保單價值準備金。
前項年金保單價值準備金係指依下列順序計算所得之金額：

第一保單年度：

一、 已繳保險費扣除附加費用。

二、 扣除要保人申請減少之金額。

三、 每日依前二款之淨額加計按宣告利率以單利法計算之金額。

第二保單年度及以後：

一、 保單年度初之年金保單價值準備金與當年度已繳保險費扣除附加費用後之和。

二、 扣除要保人申請減少之金額。

三、 每日依前二款之淨額加計按宣告利率以單利法計算之金額。

說明：

1. 保戶繳納每筆保費均需扣除附加費用，再以當期宣告利率計算利息。

2. 要保人申請減少之金額其實就是要保人提領部分的年金保單價值準備金。若保戶提領年金保單價值準備金，當然需要自年金保單價值準備金中扣除。

年金給付的開始

第七條

要保人投保時可選擇於第○保單週年日屆滿後之一特定日做為年金給付開始日，但不得超過保險年齡達○○歲之保單週年日；要保人不做給付開始日的選擇時，本公司以被保險人保險年齡達○○歲之保單週年日做為年金給付開始日。

要保人亦得於年金給付開始日的○○日前以書面通知本公司變更年金給付開始日；變更後的年金給付開始日須在申請日○○日之後，且須符合前項給付日之規定。

說明：

1. 要保人在遞延期滿未選擇一次給付，則契約進入年金給付期，並定期將年金給付予被保險人。特別提醒留意，年金給付並非給付予要保人。

2. 遞延年金商品設計，需要符合遞延期間的最低年期要求，例如：最低六年的遞延期間。

3. 要保人可自行選擇特定年度後將年金保單價值準備金年金化，進入年金給付期。要保人也可以不做年度選擇，此時將依照保險契約約定之保險年齡：達70歲的保單週年日，做為年金給付開始日。

年金金額的計算

第八條

在年金給付開始日時，本公司以當時之年金保單價值準備金(如有保險單借款應扣除保險單借款及其應付利息後)，依據當時預定利率及年金生命表計算每○給付年金金額。

前項每○領取之年金金額若低於新台幣○元時，本公司改依年金保單價值準備金於年金給付開始日一次給付受益人，本契約即行終止。

如年金給付開始日的年金保單價值準備金已逾年領年金金額新台幣○元所需之年金保單價值準備金，其超出的部份之年金保單價值準備金返還予要保人。

說明：

1. 要保人選擇將年金保單價值準備金年金化時，壽險公司依照年金化當時的預定利率及年金生命表(性別、年齡)計算未來可領取的年金金額。

2. 考量年金保單價值準備金金額可能偏低，造成未來領取的年金金額過低，不僅浪費行政作業成本且不符合民眾需求，因此條款約定年領金額過低，可將年金保單價值準備金一次給付予受益人。

3. 年金給付金額超過約定上限時，例如：每年年金給付
   金額超過 120 萬元。壽險公司需將超過部分的年金保
   單價值準備金返還予要保人。

4. 由於人口高齡化，因此年金給付期間的保證給付總額，
   極可能低於遞延期滿時的年金保價金或累積所繳保
   費。

契約的終止及其限制

第九條

要保人得於年金給付開始日前終止本契約，本公司應於接
到通知後一個月內償付解約金，逾期本公司應按年利一分
加計利息給付。

前項解約金為年金保單價值準備金扣除解約費用，其歷年
解約費用率如附表。

第一項契約的終止，自本公司收到要保人書面通知時，開
始生效，終止日當日之利息需計算於年金保單價值準備金
內。

年金給付期間，要保人不得終止本契約。

說明：

1. 年金累積期間若要保人有資金需求，可辦理解約(全部終止)。

2. 壽險公司將年金保單價值準備金扣除解約費用後，支付餘額予要保人。

3. 年金給付期間，要保人不得終止契約(不得解約)。

年金保單價值準備金的減少

第十條

年金給付開始日前，要保人得申請減少其年金保單價值準備金，每次減少之年金保單價值準備金不得低於新台幣○○元且減額後的年金保單價值準備金不得低於新台幣○○元。

前項減少部分之年金保單價值準備金，視為契約之部分終止，其解約金計算，依第九條第二項規定辦理。

說明：

1. 在年金累積期間內，若要保人有資金需求，可辦理減少其年金保單價值準備金，又稱提領或部分解約。

2. 壽險公司支付減少部分之年金保單價值準備金予要保人，仍須扣除解約費用。提領部分保單價值準備金後，年金保單繼續有效。

3. 年金給付期間，要保人不得辦理提領。

被保險人身故的通知與返還年金保單價值準備金

第十一條

被保險人身故後，要保人或受益人應於知悉被保險人發生身故後通知本公司。

被保險人之身故若發生於年金給付開始日前者，本公司將返還年金保單價值準備金，本契約即行終止。

被保險人之身故若發生於年金給付開始日後者，如仍有未支領之年金餘額，本公司應將其未支領之年金餘額依約定給付予身故受益人或其他應得之人。

說明：

1. 被保險人在遞延期間內身故，壽險公司依契約約定返還年金保單價值準備金予要保人，契約即行終止。

2. 被保險人在年金給付期間內身故，若仍在保證期間內或領取金額低於保證金額，則壽險公司給付未支領年金餘額予身故受益人。

3. 特別提醒，返還保價金給予要保人，若要保人身故，則需由要保人的法定繼承人繼承要保人權利。所以，變更身故受益人之效果，只有在年金給付期間的未支領年金餘額才有作用。

年金的申領
第十四條
被保險人於年金給付開始日後生存期間每年第一次申領年金給付時，應提出可資證明被保險人生存之文件。但於保證期間（或保證金額）內不在此限。
保證期間（或保證金額）年金受益人得申請提前給付，其計算之貼現利率為○○。
被保險人身故後仍有未支領之年金餘額時，受益人申領年金給付應檢具下列文件：
一、 保險單或其謄本。
二、 被保險人死亡證明文件及除戶戶籍謄本。
三、 受益人的身分證明。
因可歸責於本公司之事由致逾應給付日未給付時，應給付遲延利息年利一分。

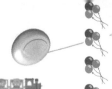

說明：

1. 申領年金給付，應提出生存證明文件。

2. 但於保證期間（或保證金額）內，不須提出生存證明
   文件。

保險單借款、契約效力的停止及恢復

第十六條

年金開始給付前，要保人得向本公司申請保險單借款，其
可借金額上限為借款當日年金保單價值準備金之○○％，未
償還之借款本息，超過其年金保單價值準備金，本契約效
力即行停止。但本公司應於效力停止日之三十日前以書面
通知要保人。

本公司未依前項規定為通知時，於本公司以書面通知要保
人返還借款本息之日起三十日內要保人未返還者，保險契
約之效力自該三十日之次日起停止。

本契約停止效力後，要保人得在停效日起○○年內（不得低
於二年），申請復效，並不得遲於年金給付開始日。要保
人屆期仍未申請復效者，本契約效力即行終止。

前項復效申請，經要保人清償保險單借款本息後，自翌日
上午零時起，開始恢復其效力。

要保人清償保險單借款本息，其未償餘額合計不得逾依第
一項約定之保險單借款可借金額上限。

基於保戶服務，本公司於保險契約停止效力後至得申請復效之期限屆滿前○個月(不低於三個月)，**將以書面、電子郵件、簡訊或其他約定方式擇一通知要保人**有行使第一項申請復效之權利，並載明要保人未於第一項約定期限屆滿前恢復保單效力者，契約效力將自第一項約定期限屆滿之日翌日上午零時起終止　，以提醒要保人注意。

本公司已依要保人最後留於本公司之前項聯絡資料發出通知，視為已完成前項之通知。

年金給付期間，要保人不得以保險契約為質，向本公司借款。

說明：

1. 保單借款方式多元化：要保人辦理保單借款，可能採取委託業務人員辦理、臨櫃辦理、電話語音與銀行ATM保單借款等多元方式。

2. 保單借款利率自由化：各公司考量商品預定利率、宣告利率或放款利率後，制定各商品之保單貸款利率水準。另外各公司將依照險種別或躉繳分期繳別，訂立保單的可貸成數。

3. 壽險公司應每月公告保單貸款利率，民眾可至網站查詢或到保戶服務櫃台洽詢。

4. 壽險公司可因應公司策略與資金情況，在不違反法規與條款約定條件下，調整不同繳費方式或不同商品種類之可借金額上限。

5. 未償還之借款本息，超過其保單價值準備金時，契約效力即行停止。但壽險公司應於效力停止日之三十日前以書面通知要保人。契約效力停止後，要保人可以二年內辦理復效。

6. 年金給付期間，要保人不得以保險契約為質，向壽險公司辦理保單借款。

受益人的指定及變更
第十八條
本契約受益人於被保險人生存期間為被保險人本人，本公司不受理其指定或變更。
除前項約定外，要保人得依下列規定指定或變更受益人：
一、於訂立本契約時，得經被保險人同意指定身故受益人，如未指定者，以被保險人之法定繼承人為本契約身故受益人。

二、 除聲明放棄處分權者外，於保險事故發生前得經被保險人同意變更身故受益人，如要保人未將前述變更通知本公司者，不得對抗本公司。

前項身故受益人的變更，於要保人檢具申請書及被保險人的同意書送達本公司時，本公司即予批註或發給批註書。

第二項之身故受益人同時或先於被保險人本人身故，除要保人已另行指定外，以被保險人之法定繼承人為本契約身故受益人。

本契約如未指定身故受益人，而以被保險人之法定繼承人為本契約身故受益人者，其受益順序適用民法第一千一百三十八條規定，其受益比例除契約另有約定外，適用民法第一千一百四十四條規定。

說明：

1. 年金保險契約受益人於被保險人生存期間為被保險人本人。

2. 年金給付期間若有未支領的(保證)年金餘額，由受益人領取。

3. 身故給付需指定受益人；若未指定則以法定繼承人為身故受益人。

第五節 模擬考題與解析

1. 下列有關利率變動型年金保險在年金累積期間責任準備金的提存方式，何者正確？
   A. 採年金保單價值準備金全額提存為原則
   B. 採年金保單價值準備金部分提存為原則
   C. 採平衡準備金制計提為原則
   D. 採1年定期修正制計提為原則

解答：A
● 利率變動型年金保險的準備金提存金額就是年金保單價值準備金(包含利率累積部分)；傳統型年金才是平衡準備金提存制。

2. 年金保險契約訂定後，須經過一定年數累積繳費期間或被保險人達到特定年齡後，保險公司才開始給付之年金保險稱之為：
   A. 即期年金保險
   B. 遞延年金保險
   C. 連生年金保險
   D. 變額年金保險

解答：B

3. 下列對於年金保險給付期間之敘述，何者正確？
   A. 年金給付期間，要保人不得終止契約
   B. 年金給付期間可以保單貸款

C.　年金給付期間被保險人身故，保險公司退還已繳保費或保單價值準備金

D.　年金保險給付期間乃指被保險人不論生存與否，保險公司保證給付年金的期間

解答：A
● 累積期間才可以貸款或解約。

4. 有關年金保險敘述，下列何者錯誤？

A.　被保險人在年金累積期間身故，壽險公司須返還保單價值準備金

B.　年金保險在年金累積期間內不可以辦理部分解約

C.　年金保險若含有「保證金額」，於被保險人身故時仍有未支領之年金餘額時，保險公司應將餘額給付給身故受益人

D.　利率變動型年金保險在年金累積期間，保險公司依宣告利率計算保單價值準備金

解答：B
● 累積期間可辦理解約或部分解約；給付期間才不可以辦理解約。

5. 依利率變動型年金保險費率相關規範，對於利率變動型年金保險之說明，下列何者錯誤？

    A. 年金累積期間，保險公司依據要保人交付之保險費，減去附加費用後，依宣告利率計算年金保單價值準備金

    B. 年金給付開始時，依年金保單價值準備金計算解約金

    C. 甲型：年金給付開始時，以當時之年齡、預定利率及年金生命表換算定額年金

    D. 乙型：年金給付開始時，以當時之年齡、預定利率、宣告利率及年金生命表計算第一年年金金額，第二年以後以宣告利率及上述之預定利率調整各年度之年金金額

解答：B

● 給付期間不得解約，所以也沒有解約金問題。

6. 變額年金保險之要保人若未約定年金給付開始日的選擇時，則該保單之年金給付開始日依法不得晚於被保險人年齡達幾歲之保單週年日？

    A. 60　歲

    B. 65　歲

    C. 70　歲

    D. 75　歲

解答：C

● 人生70古來稀，依70歲的保單週年日為準。

7. 個人傳統型遞延年金保險在年金開始給付時,如有保險單借款本息尚未償還,則保險公司應如何給付年金?
   A. 待要保人清償保險單借款本息,按原年金金額給付
   B. 在原年金金額內,依雙方事先約定分期扣除保險單借款本息後,以餘額給付
   C. 自當時年金保單價值準備金,扣除保險單借款本息後,按原年金金額給付
   D. 自當時年金保單價值準備金,扣除保險單借款本息後,重新計算年金金額給付

解答:D
● 借款本息扣除後的保價金餘額,才是客戶的儲蓄金額。

8. 個人傳統型含保證給付之即期年金保險的被保險人,在契約有效期間內失蹤,則保險公司應如何給付年金?
   A. 繼續給付年金給受益人,除有未支領之保證期間(或保證金額)之年金金額外,至法院宣告死亡判決時日止
   B. 暫時停止給付年金,待發現被保險人生還時,補足其間未付年金並繼續給付年金
   C. 繼續給付年金給受益人,至保證期間(或保證金額)結束後,契約終止
   D. 將至保證期間(或保證金額)前未給付之年金,依雙方約定之貼現利率,提前一次給付給受益人

解答:A;失蹤時,給付至死亡(經過一定期間後法院宣告死亡)為止。

第六章 健康險與傷害險商品概要、條款與考題解析

第一節 健康保險商品分類與商品介紹

第二節 健康保險示範條款摘錄與說明

第三節 傷害保險商品分類與商品介紹

第四節 傷害險商品示範條款摘錄與說明

第五節 模擬考題與解析

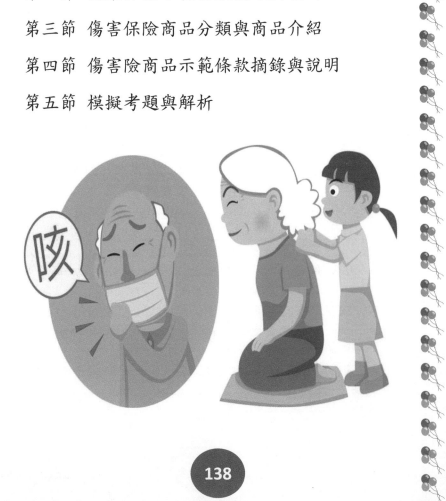

第六章 健康險與傷害險商品概要、條款與考題解析

第一節 健康保險商品分類與商品介紹

一、健康保險商品與分類[28]

依保險法第 125 條，健康保險人於被保險人疾病、分娩及其所致失能或死亡時，負給付保險金額之責。可進一步了解健康保險商品，對於被保險人因疾病、分娩或意外而就醫治療時，提供醫療費用補償、手術費用補償、住院日額給付或其他醫療給付。健康保險商品可依保障期間、是否保證續保及保障內容，區分為以下商品類型：

1. 依保障期間長短：可分為一年期、定期及終身型。

2. 依醫療給付方式：實支實付醫療保險或日額型醫療保險。

3. 依續保條件：可分為保證續保及非保證續保。

---

[28] 壽險公會(2012)，人身保險業務員資格測驗統一教材，壽險管理學會(2011)，人壽保險；並另參考壽險業商品條款與作業規範與廖勇誠(2013)

4. 依保障內容或商品類別：可分為住院醫療保險、傷害醫療保險、特定傷病保險、重大疾病保險、癌症保險、手術費用保險、長期照護保險及失能所得保險等。

　　進一步針對主要健康保險險種，列舉說明如下：

1. 實支實付型住院醫療保險：

　　　　針對自行負擔之醫療費用及全民健康保險不給付之範圍提供醫療費用補償，給付項目包含每日病房費、手術費用與住院醫療費用等。實支實付型住院醫療保險可作為自付醫療費用補償；在台灣通常為一年期保證續保商品，通常可保證續保到 65~75 歲。由於年輕時期保費便宜，因此可作為年輕期間額外醫療費用補償。其次住院醫療保險也可規劃為綜合型住院醫療保險，由保戶自行就實支實付或日額給付二者擇優申請理賠，十分便民。

2. 日額型住院醫療保險：

　　　　台灣的日額住院醫療保險可分為一年期、定期或終身住院醫療保險。另外許多的住院醫療保險也納入手術、

重大疾病、特定傷病、癌症與壽險身故給付內容，以滿足保戶多元化醫療保障需求。

其次住院醫療保險也可規劃為綜合型住院醫療保險，由保戶自行就實支實付或日額給付二者擇優申請理賠，十分便民。

另外，因應長期醫療理賠風險控管，主管機關對於終身醫療健康保險要求須為帳戶型終身醫療險，例如最高給付 3,000 倍日額；或終身醫療險需具保費調整機制。

3. 傷害醫療保險(實支實付)：

針對意外傷害事故所導致的門診、住院或手術醫療費用，提供被保險人實支實付的補償。給付項目包含每日病房費、門診費用、手術費用與住院醫療費用等。在台灣通常為一年期自動續保，可續保到 70~80 歲。由於保費便宜而且包含意外門診理賠，因此建議納入醫療保障範圍。

4. 傷害住院醫療保險(日額型、綜合型)：

針對意外傷害事故，提供日額住院給付與骨折未住院日額給付。在台灣通常為一年期自動續保，可續保到70~80歲。傷害住院醫療保險也可規劃為綜合型傷害住院醫療保險，由保戶自行就實支實付或日額給付二者擇優申請理賠，十分便民。

5. 防癌健康保險：

　　針對癌症治療費用設計的醫療保險商品，給付項目通常包含癌症住院醫療日額、癌症出院療養保險金、癌症身故保險金、化療或放射線治療及其他癌症相關治療保險金等給付。

6. 重大疾病保險：

　　當罹患重大疾病時，可以立即給付重大疾病保險金。重大疾病包含腦中風後障礙、急性心肌梗塞、冠狀動脈繞道手術、末期腎病變、重大器官移植或造血幹細胞移植、癌症與癱瘓等7項；108年1月起重大疾病之定義依金管會核定辦理，也使得癌症及特定傷之定義走向明確化及標準化。實務上重大疾病保險商品可以是主約或附約型態，也可以為終身或定期型態。

7. 長期照護保險[29]：

　　　　經醫師診斷判定符合長期照護狀態時，壽險公司依約定金額給付長期照護給付之保險商品。長期照護狀態通常是指判定符合下列二種情形之一者：

(1)生理功能障礙：進食、移位、如廁、沐浴、平地移動與更衣障礙等六項日常生活自理能力持續存在三項以上(含)之障礙。依據巴氏量表或臨床專業評量表評估。

(2)認知功能障礙：被診斷確定為失智狀態並有分辨上的障礙，在意識清醒的情況下有時間、場所與人物分辨上之障礙，判定有三項分辨障礙中之二項(含)以上者。依據臨床失智量表或智能測驗評估達中度以上。

---

[29]參壽險公會，人身保險業務員資格測驗統一教材第三章與壽險公司長期照護保單條款。

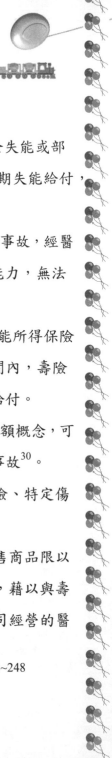

8. 失能所得保險：

　　當被保險人因為疾病或意外事故而完全失能或部分失能時，依契約提供被保險人或受益人定期失能給付，以彌補被保險人所得收入之損失。

(1)失能之定義：被保險人因遭受疾病或意外事故，經醫師診療後症狀無法改善，因而失去工作能力，無法獲得原有薪資收入。

(2)設置免責期間(等待期間)之意義：通常失能所得保險會約定 2~6 個月的免責期間，在免責期間內，壽險公司不給付被保險人或受益人任何失能給付。

(3)免責期間的主要目的：免責期間實為自負額概念，可以排除一些短期事故或非失能疾病意外事故[30]。

9. 其他險種：例如還本癌症險、還本醫療保險、特定傷病保險等。

10. 產險業可經營傷害險及健康險業務，可銷售商品限以保險期間為三年以下且不保證續保的保單，藉以與壽險業經營之健康險市場有所區隔。產險公司經營的醫

---

[30]參勞工保險失能給付法令與壽險管理學會(100 年)，P.233~248

療保險為短年期非保證續保；產險公司可因被保險人
體況差或罹患重大疾病而拒絕保戶的續保；但不可以
因為被保險人體況差或罹患重大疾病而針對該保戶加
費承保。

表6.1 健康保險商品摘要表

商品類型	商品要點
一年期住院醫療保險(實支實付)	◆ 保證續保年齡限制，例如：70歲 ◆ 由於年輕時期保費便宜，可作為年輕期間自付醫療費用補償
一年期住院醫療保險(日額型)	◆ 住院日額給付或醫療費用補償 ◆ 保證續保年齡限制，例如：70歲 ◆ 可作為年輕期間額外醫療費用補償
一年期傷害醫療保險(實支實付)	◆ 自付傷害醫療費用補償 ◆ 續保年齡限制，例如：75歲 ◆ 可作為75歲前自付醫療費用補償
一年期傷害住院醫療保險(日額型)	◆ 意外住院日額給付與骨折未住院日額給付 ◆ 續保年齡限制，例如：75歲 ◆ 可作為75歲前額外醫療費用補償

商品	商品要點
終身醫療保險	◆ 可提供終身的住院日額給付、手術費用或醫療費用補償。 ◆ 給付項目：住院醫療日額、出院療養、手術、加護病房或燒燙傷中心等給付；部分商品另涵蓋身故給付、重大疾病或特定傷病給付，保障可更完整。 ◆ 特定傷病保險給付：除了包含七項重大疾病外，另外包含契約約定的其他特定傷病。
癌症保險	◆ 專門針對癌症量身訂作的健康保險，並未涵蓋意外或一般疾病的身故或住院手術醫療保障。 ◆ 提供癌症住院醫療、出院療養、手術治療、化療或放射線治療及癌症身故等各類給付。
重大疾病保險	◆ 提供七種重大疾病保障。
失能所得保險	◆ 保費計算基礎涉及失能機率、失能期間長短與費用率等變數。 ◆ 當被保險人因為疾病或意外事故而完全失能或部分失能時，依契約提供被保險人或受益人定期失能給付，以彌補被保險人所得收入之損失。 ◆ 失能之定義：被保險人因遭受疾病或意外事故，經醫師診療後症狀無法改善，因而失去工作能力，無法獲得原有薪資收入。

二、健康保險商品保費基礎

1. 預定疾病發生率(罹病率)：罹病率愈高，預期未來醫療給付愈高，保費將愈貴。（與保費成正比）

2. 平均住院日數或平均醫療費用金額：平均每位病患每次住院的天數愈久或平均醫療費用金額愈大，預期未來醫療給付愈高，保費將愈貴。（與保費成正比）

3. 預定利率：定期醫療保險或終身醫療保險商品保費，受保單預定利率影響大，利率愈低、利息收入愈低或保單折現率愈低，保費將愈貴（與保費成反比）。另外，一年期醫療保險之預定利率，對於保費並無顯著影響。

4. 預定附加費用率：費用率愈高，需要收取的費用就愈高，保費將愈貴。（與保費成正比）

三、健康保險與人壽保險商品差異比較

　　就承保事故來說，人壽保險承保被保險人之生存或死亡事故，並在事故發生時提供死亡或生存給付。健康保險

承保被保險人之疾病或意外事故，並在事故發生時提供醫療費用的補償。

表6.2 健康保險 VS. 人壽保險

項目	健康保險(一年期)	人壽保險
期間	一年期	定期、終身
準備金提存	主要為未滿期保費準備金、特別準備金	主要為壽險責任準備金
費率釐訂因素	罹病率、費用率	死亡率、費用率、預定利率
給付基礎	● 日額型：定值保險契約，依照住院日數給付 ● 實支實付型：損害補償契約，依照自付醫療費用金額給付	● 定額保險契約 ● 身故保險金：被保險人於保障期間身故時，給付身故保險金。 ● 滿期保險金或生存保險金：被保險人於特定期間屆滿仍生存時，給付滿期保險金或生存保險金。
住院給付	● 日額給付或實支實付給付	● 無住院給付
身故給付	無	● 包含身故給付
生存給付	無	● 養老保險包含生存給付

第二節 健康保險示範條款摘錄與說明

一、摘錄一年期醫療險(實支實付與日額)示範條款
　　並摘要說明。

名詞定義

第二條

本契約所稱「疾病」係指被保險人自本契約生效日（或復效日）起所發生之疾病。

本契約所稱「傷害」係指被保險人於本契約有效期間內，遭受意外傷害事故，因而蒙受之傷害。

本契約所稱「意外傷害事故」係指非由疾病引起之外來突發事故。

本契約所稱「醫院」係指依照醫療法規定領有開業執照並設有病房收治病人之公、私立及醫療法人醫院。

給付日間留院適用：本契約所稱「住院」係指被保險人經醫師診斷其疾病或傷害必須入住醫院，且正式辦理住院手續並確實在醫院接受診療者，包含精神衛生法第三十五條所稱之日間留院。

不給付日間留院適用：本契約所稱「住院」係指被保險人經醫師診斷其疾病或傷害必須入住醫院，且正式辦理住院手續並確實在醫院接受診療者。但不包含全民健康保險法第五十一條所稱之日間住院及精神衛生法第三十五條所稱之日間留院。

說明：

1. 醫療保險無論被保險人因疾病或意外傷害住院，皆能獲得理賠；傷害醫療保險則限制被保險人因為意外傷害就醫，才能獲得理賠。

2. 壽險公司自契約生效日（或復效日）起所發生之疾病才能獲得理賠，投保前的既往症(投保前已罹患的疾病)無法獲得理賠。

3. 壽險公司通常會約定30天的疾病等待期間，等待期間發生疾病，壽險公司不予理賠，等待期間之後因疾病住院，才能獲得理賠。

4. 保險公司之醫療保險商品，是否給付日間留院，在條款中必須明確記載並納入保費計算。

5. 前往非醫療院所治療，無法獲得保險理賠，諸如：推拿整脊按摩或看護服務機構。

6. 補充：重大疾病或癌症等健康保險的疾病等待期最長可約定90天。

保險期間的始日與終日

第三條

本契約的保險期間，自保險單上所載期間之始日午夜十二時起至終日午夜十二時止。但契約另有約定者，從其約定。

說明：

契約約定的保險期間：

午夜十二時起至終日午夜十二時止；因此投保當天晚上十二時生效。

保險範圍

第四條

被保險人於本契約有效期間內因第二條約定之疾病或傷害住院診療時，本公司依本契約約定給付保險金。

說明：

意外住院或等待期間後的住院診療，可透過醫療保險獲得醫療費用補償或住院日額給付。

每日病房費用保險金之給付(實支實付醫療險)
第五條
被保險人因第四條之約定而以全民健康保險之保險對象身分住院診療時，本公司按被保險人住院期間內所發生，且**依全民健康保險規定其保險對象應自行負擔及不屬全民健康保險給付範圍**之下列各項費用核付。

一、超等住院之病房費差額。

二、管灌飲食以外之膳食費。

三、特別護士以外之護理費。

說明：

以全民健保身分就醫，需要自行負擔病房費差額、膳食費、掛號費、證明文件費與看護費用等項目，透過投保實支實付醫療保險，可以獲得醫療費用補償。

住院醫療費用保險金之給付(實支實付醫療險)
第六條
被保險人因第四條之約定而以全民健康保險之保險對象身分住院診療時，本公司按被保險人住院期間內所發生，且依全民健康保險規定其保險對象應自行負擔及不屬全民健康保險給付範圍之下列各項費用核付。

一、醫師指示用藥。

二、血液（非緊急傷病必要之輸血）。

三、掛號費及證明文件。

四、來往醫院之救護車費。

五、超過全民健康保險給付之住院醫療費用。

給付日間留院適用：被保險人因第四條之約定而以全民健康保險之保險對象身分日間留院診療時，本公司按其實際日間留院費用金額給付，但被保險人於投保時以投保其他商業實支實付型醫療保險而未通知本公司者，本公司改以日額方式給付，且同一保單年度最高給付日數以〇〇日為限。

說明：

1. 以全民健保身分就醫，需要自行負擔醫師指示用藥、輸血、掛號費、證明文件費、救護車費與部分負擔等項目。投保實支實付醫療保險後，可以透過醫療保險獲得醫療費用補償。

2. 實支實付醫療險需檢附醫療費用單據及診斷診明書相關文件才能申請理賠。

住院日額保險金之給付(日額型醫療險)
第五條

　　被保險人因第四條之約定而住院診療時，本公司按其實際住院日數依本契約約定之每日給付金額給付保險金。

被保險人同一保單年度同一次住院最高日數以○○日為限。

給付日間留院適用：被保險人因第四條之約定而以日間留院診療時，本公司按其實際日間留院日數，每日依住院日額保險金之○○%給付，且同一保單年度最高給付日數以○○日為限，不適用第二項之約定。

說明：

1. 日額型醫療險依照前後住院日數支付住院日額保險金。

2. 壽險公司日額醫療險通常就同一次住院，訂立最高給付日數，例如：90~365 天。

3. 日額型醫療險只需要檢附診斷診明書等文件即可申請理賠。

醫療費用未經全民健康保險給付者之處理方式(實支實付)
第八條

第五條至第七條之給付，於被保險人不以全民健康保險之保險對象身分住院診療；或前往不具有全民健康保險之醫院住院診療者，致各項醫療費用未經全民健康保險給付，本公司依被保險人實際支付之各項費用之○○%（不得低於65%）給付，惟仍以各項保險金條款約定之限額為限。

說明：

非以全民健保身分就醫，壽險公司仍須理賠；但依被保險人實際支付費用之 65%給付，惟仍以各項保險金條款約定之限額為限。

保險金給付之限制(實支實付醫療險)

第十條

　　被保險人已獲得全民健康保險給付的部分，**本公司不予給付保險金。**

說明：

1. 為了避免保險重複理賠的浪費以及被保險人因為就醫而獲利，已由全民健保給付之費用，實支實付醫療保險不再重複給付。

2. 實務上投保日額型醫療保險，保戶仍可依照住院日數申領住院日額保險金，並無重複給付問題。壽險公司

對於同一被保險人訂定醫療保險累計通算日額限制，避免同一被保險人累積投保住院日額過高，因而誘發道德危險。

除外責任
第十一條
被保險人因下列原因所致之疾病或傷害而住院診療者，本公司不負給付各項保險金的責任。
一、被保險人之故意行為（包括自殺及自殺未遂）。
二、被保險人之犯罪行為。
三、被保險人非法施用防制毒品相關法令所稱之毒品。
被保險人因下列事故而住院診療者，本公司不負給付各項保險金的責任。
一、美容手術、外科整型。但為重建其基本功能所作之必要整型，不在此限。
二、外觀可見之天生畸形。
三、非因當次住院事故治療之目的所進行之牙科手術。
四、裝設義齒、義肢、義眼、眼鏡、助聽器或其它附屬品。但因遭受意外傷害事故所致者，不在此限，且其裝設以一次為限。
五、健康檢查、療養、靜養、戒毒、戒酒、護理或養老之非以直接診治病人為目的者。
六、 懷孕、流產或分娩及其併發症。但下列情形不在此限：懷孕相關疾病、因醫療行為所必要之流產、醫療行為必要之剖腹產……等。

說明：

1. 故意行為、犯罪行為與故意自殺一律不賠。

2. 美容手術、外科整型與正常懷孕之費用，醫療保險不賠。

3. 健康檢查、療養、靜養、戒毒、戒酒、護理或養老等非以直接診治病人為目的之機構或組織之住院，醫療保險不賠。

契約有效期間

第十二條

保證續保適用：

本契約保險期間為一年，保險期間屆滿時，要保人得交付續保保險費，以逐年使本契約繼續有效，本公司不得拒絕續保。

本契約續保時，按續保生效當時依規定陳報主管機關之費率及被保險人年齡重新計算保險費，但不得針對個別被保險人身體狀況調整之。

非保證續保適用：

本契約保險期間為一年且不保證續保。保險期間屆滿時，經本公司同意續保後，要保人得交付保險費，以使本契約繼續有效。

本契約續保時，按續保生效當時依規定陳報主管機關之費率及被保險人年齡重新計算保險費。

說明：

1. 壽險公司的一年期住院醫療險皆明訂保證續保，因此壽險公司不得因為被保險人體況差或罹患重大疾病而拒絕保戶的續保；也不可以因為被保險人體況差或罹患重大疾病而針對該保戶加費承保。

2. 產險公司經營的醫療保險為短年期非保證續保；公司決定續保條件時，應依續保當時對一般新契約被保險人之核保規範公平處理。然而產險公司仍可因為被保險人體況差或罹患重大疾病而拒絕保戶的續保；但不可以因為被保險人體況差或罹患重大疾病而針對該保戶要求加費承保。

契約的終止
第十四條
要保人得隨時終止本契約。

前項契約之終止，自本公司收到要保人書面通知時，開始
生效。

要保人依第一項約定終止本契約時，本公司應從當期已繳
保險費扣除按短期費率計算已經過期間之保險費後，將其
未滿期保險費退還要保人。

說明：

要保人可以隨時終止契約，終止後的已繳(未到期)保險費，
按照短期費率表退還保費。

受益人

第十七條

本契約各項保險金之受益人為被保險人本人，本公司不受
理其指定及變更。

被保險人身故時，如本契約保險金尚未給付或未完全給付，
則以被保險人之法定繼承人為該部分保險金之受益人。

前項法定繼承人之順序及應得保險金之比例適用民法繼
承編相關規定。

說明：

1. 醫療保險金的受益人限制為被保險人本人。

2. 被保險人身故時，以被保險人之法定繼承人為該保險
   金之受益人。

二、一年期傷害醫療險示範條款及說明

考量傷害醫療險具有醫療險之相似概念，因此納入本節
進行摘要說明。

(一)傷害醫療保險給付附加條款

傷害醫療保險金的給付（實支實付型）
被保險人於本契約有效期間內遭受第二條約定的意外傷
害事故，自意外傷害事故發生之日起一百八十日以內，經
登記合格的醫院或診所治療者，本公司就其實際醫療費用，
超過全民健康保險給付部分，給付傷害醫療保險金。但超
過一百八十日繼續治療者，受益人若能證明被保險人之治
療與該意外傷害事故具有因果關係者，不在此限。
前項同一次傷害的給付總額不得超過保險單所記載的「每
次實支實付傷害醫療保險金限額」。

說明：

1. 需為合格醫院或診所，而且就超過全民健保給付部分
   理賠。

2. 實務上，壽險公司的實支實付傷害醫療險契約約定，非以全民健保身分就醫，給付金額將依照醫療費用金額打折後計算，例如：65折~75折；抑或約定依照住院日數採日額給付(綜合型傷害住院醫療險)。

(二)傷害醫療保險金的給付（日額型）

被保險人於本契約有效期間內遭受第二條約定的意外傷害事故，自意外傷害事故發生之日起一百八十日以內，經登記合格的醫院治療者，本公司就其住院日數，給付保險單所記載的「傷害醫療保險金日額」。但超過一百八十日繼續治療者，受益人若能證明被保險人之治療與該意外傷害事故具有因果關係者，不在此限。

前項每次傷害給付日數不得超過九十日。

被保險人因第一項傷害蒙受骨折未住院治療者，或已住院但未達下列骨折別所定日數表，其未住院部分本公司按下列骨折別所定日數乘「傷害醫療保險金日額」的二分之一給付。合計給付日數以按骨折別所訂日數為上限。

前項所稱骨折是指骨骼完全折斷而言。如係不完全骨折，按完全骨折日數二分之一給付；如係骨骼龜裂者按完全骨折日數四分之一給付，如同時蒙受下列二項以上骨折時，僅給付一項較高等級的醫療保險金。

骨折部分	完全骨折日數
1 鼻骨、眶骨〈含顴骨〉	14 天
2 掌骨、指骨	14 天
3 蹠骨、趾骨	14 天
4 下顎（齒槽醫療除外）	20 天
5 肋骨	20 天
6 鎖骨	28 天
7 橈骨或尺骨	28 天
8 膝蓋骨	28 天
9 肩胛骨	34 天
10 椎骨（包括胸椎、腰椎及尾骨）	40 天
11 骨盤（包括腸骨、恥骨、坐骨、薦骨）	40 天
12 頭蓋骨	50 天
13 臂骨	40 天
14 橈骨與尺骨	40 天
15 腕骨（一手或雙手）	40 天
16 脛骨或腓骨	40 天
17 踝骨（一足或雙足）	40 天
18 股骨	50 天
19 脛骨及腓骨	50 天
20 大腿骨頸	60 天

說明：

1. 傷害醫療保險通常需附加於傷害保險附約或主約下。

2. 傷害醫療實支實付險：針對意外住院與門診費用，保戶皆可憑醫療費用單據申請理賠。

3. 意外住院醫療保險：僅針對意外住院事故給付住院日額保險。針對發生骨折事故，無論完全折斷骨折或部分龜裂等意外傷害，雖未辦理住院而無法獲得意外住院日額理賠，仍可依照骨折部位與嚴重性，申請骨折未住院日額保險金。

第三節 傷害保險商品分類與商品介紹[31]

一、傷害保險商品的基礎要點

1. 依保險法第 131 條規定，傷害保險人於被保險人遭受意外傷害及其所致失能或死亡時，負給付保險金額之責。

2. 意外事故之定義：非由疾病引起之外來突發事故。

(1) 外來事故：並非身體內在疾病所造成，而是源自於外力所致。

(2) 突發事故：突然發生，而非逐漸產生，也並非當事人所能預期。

(3) 非由疾病引起事故：並非由疾病所引起。

3. 傷害保險之保費計算，主要決定於被保險人之職業等級；職業等級區分為六個職業等級。

---

[31] 參陳明哲(2011)，人身保險，第七章；壽險公會(2012)，人身保險業務員資格測驗統一教材，壽險管理學會(2011)，人壽保險；並另參考壽險業商品條款與作業規範、廖勇誠(2013)

4. 失能理賠：示範條款對於失能程度區分成11級80項[32]，理賠比率為 5%~100%。

5. 傷害保險契約通常無所謂等待期間。

6. 被保險人之職業等級變更為較高等級，屬於危險之增加，依條款規定依照比例理賠。

7. 失能保險之保障內容主要為針對被保險人因為意外事故而導致失去工作能力期間，提供收入損失之保障。

8. 旅行平安保險販賣的對象以實際從事旅遊的國內外旅客為限，投保時不須作身體檢查而且可以單獨出單；旅行平安保險的保險期間最長以 180 天為限 。

9. 行政院金融監督管理委員會同意產險業申請經營傷害險業務，可銷售商品限以保險期間為三年以下保單，藉以與壽險業經營之傷害險市場有所區隔。

---

[32] 壽險公會考試教材(107 年版)仍為 11 級 79 項，請留意。

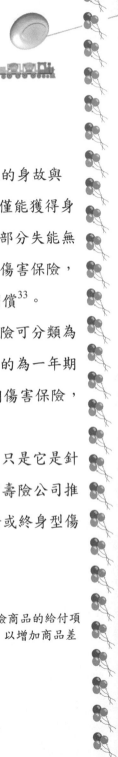

二、傷害保險商品分類

　　傷害保險承保被保險人因為意外事故所致的身故與失能的經濟損失補償。被保險人投保人壽保險僅能獲得身故、全部失能、生存給付或滿期給付的保障，部分失能無法獲得補償。因此，建議保戶需為自己另外規劃傷害保險，才能獲得因意外事故導致之部分失能的損害補償[33]。

　　傷害保險商品通常並無保證續保，傷害保險可分類為自動續保與非自動續保，市面上壽險公司經營的為一年期自動續保的傷害保險；產險公司則經營短年期傷害保險，是否附加自動續保條款，由客戶自行決定。

　　另外，旅行平安保險其實也是傷害保險，只是它是針對國內外旅客而規劃的傷害保險。另外，也有壽險公司推出傷害失能保險、還本型傷害險、定期傷害險或終身型傷害險。

---

[33]大多數壽險公司為因應傷害保險的競爭，因此在傷害保險商品的給付項目內，另加上重大燒燙傷保障或失能補償金等保障內容，以增加商品差異性。

三、傷害保險商品保費基礎

1. 預定意外身故發生率與意外失能發生率：意外身故或意外失能發生率愈高，預期未來給付愈高，保費將愈貴；因此從事高風險職業者，發生率較高，保費也較貴。（與保費成正比）

2. 預定利率：預定利率對於一年期傷害保險之保費影響並不顯著。

3. 預定附加費用率：費用率愈高，需要收取的費用就愈高，保費將愈貴。（與保費成正比）

四、傷害保險與人壽保險之差異比較

　　傷害保險與人壽保險商品差異頗多；就承保事故來說，人壽保險承保被保險人之生存或死亡事故，並在事故發生時提供死亡或生存給付。傷害保險承保被保險人之意外傷害事故，並在事故發生時提供身故給付與失能給付等相關補償。列表比較其差異如下：

表6.3 傷害保險VS.人壽保險

項目	傷害保險(一年期)	人壽保險
保險期間	一年期	定期、終身
保費決定因素	職業類別	性別、年齡
費率釐訂因素	預定意外身故與失能發生率、費用率	死亡率、費用率、預定利率
部分失能給付	● 意外失能可以獲得理賠 ● 依失能等級表給付	● 無;全部失能才能獲得理賠
身故給付	● 意外身故可以獲得給付	● 疾病或意外身故,皆可獲得理賠
生存給付	● 無	● 養老保險包含生存給付或滿期給付
準備金提存	主要為未滿期保費準備金、特別準備金	主要為壽險責任準備金

第四節 傷害保險示範條款摘錄與說明

本節摘錄一年期傷害險示範條款並摘要說明如下：

保險範圍

第二條

被保險人於本契約有效期間內，因遭受意外傷害事故，致其身體蒙受傷害而致失能或死亡時，本公司依照本契約的約定，給付保險金。

前項所稱意外傷害事故，指非由疾病引起之外來突發事故。

說明：

1. 意外傷害事故：指非由疾病引起之外來突發事故。

2. 因為疾病住院或疾病切除所致的失能，意外保險不予理賠。因為事故發生與疾病才具有顯著因果關係。

保險期間的始日與終日

第三條

本契約的保險期間，以本契約保險單上所載日時為準。

169

【附約的續約及附約的有效期間】

身故保險金或喪葬費用保險金的給付

第四條

被保險人於本契約有效期間內遭受第二條約定的意外傷害事故，自意外傷害事故發生之日起一百八十日以內死亡者，本公司按保險金額給付身故保險金。但超過一百八十日死亡者，受益人若能證明被保險人之死亡與該意外傷害事故具有因果關係者，不在此限。

訂立本契約時，以未滿十五足歲之未成年人為被保險人，其身故保險金之給付於被保險人滿十五足歲之日起發生效力。

訂立本契約時，以受監護宣告尚未撤銷者為被保險人，其身故保險金變更為喪葬費用保險金。

前項被保險人於民國九十九年二月三日（含）以後所投保之喪葬費用保險金額總和（不限本公司），不得超過訂立本契約時遺產及贈與稅法第十七條有關遺產稅喪葬費扣除額之半數，其超過部分本公司不負給付責任，本公司並應無息退還該超過部分之已繳保險費。

前項情形，如要保人向二家（含）以上保險公司投保，或向同一保險公司投保數個保險契(附)約，且其投保之喪葬費用保險金額合計超過前項所定之限額者，本公司於所承保之喪葬費用金額範圍內，依各要保書所載之要保時間先後，依約給付喪葬費用保險金至前項喪葬費用額度上限為止，如有二家以上保險公司之保險契約要保時間相同或無法區分其要保時間之先後者，各該保險公司應依其喪葬費

用保險金額與扣除要保時間在先之保險公司應理賠之金額後所餘之限額比例分擔其責任。

說明：

1. 為保護弱勢族群並減少道德危險事故發生，保險法令針對以未滿 15 足歲之孩童、受監護宣告(諸如精神障礙或心智缺陷障礙)被保險人投保傷害保險商品，訂有明確理賠限制。

2. 簽訂傷害險契約時，以未滿十五足歲之未成年人為被保險人，其身故保險金之給付於被保險人滿十五足歲之日起發生效力；**因此未滿十五足歲前，傷害險契約不提供意外身故給付、也不退還所繳保費，這項規定與人壽保險契約不同。**

3. 依據保險法 107 條-1 與示範條款，訂立傷害險契約時，以受監護宣告尚未撤銷者為被保險人，其身故保險金變更為喪葬費用保險金，賠償金額不得超過遺贈稅法之遺產稅喪葬費用扣除額的 50%，**109 年喪葬費用扣除額金額的一半為 61.5 萬。**另由於保險金額超過部分

無效，因此壽險公司應無息退還超過部分之所繳保費。

失能保險金的給付

第五條

被保險人於本契約有效期間內遭受第二條約定的意外傷害事故，自意外傷害事故發生之日起一百八十日以內致成附表所列失能程度之一者，本公司給付失能保險金，其金額按該表所列之給付比例計算。但超過一百八十日致成失能者，受益人若能證明被保險人之失能與該意外傷害事故具有因果關係者，不在此限。

被保險人因同一意外傷害事故致成附表所列二項以上失能程度時，本公司給付各該項失能保險金之和，最高以保險金額為限。但不同失能項目屬於同一手或同一足時，僅給付一項失能保險金；若失能項目所屬失能等級不同時，給付較嚴重項目的失能保險金。

被保險人因本次意外傷害事故所致之失能，如合併以前（含本契約訂立前）的失能，可領附表所列較嚴重項目的失能保險金者，本公司按較嚴重的項目給付失能保險金，但以前的失能，視同已給付失能保險金，應扣除之。

前項情形，若被保險人扣除以前的失能後得領取之保險金低於單獨請領之金額者，不適用合併之約定。

被保險人於本契約有效期間內因不同意外傷害事故申領失能保險金時，本公司累計給付金額最高以保險金額為限。

說明：

1. 失能保險金理賠金額，依照失能等級表理賠；失能情況愈嚴重、失能等級愈高、理賠比例愈高。

2. 過去曾發生之失能，後續再發生失能，應扣除已發生部分，以避免重複領取理賠並可降低道德危險。

3. 失能保險金累積理賠金額，最高以保險金額為限。

保險給付的限制

第六條

被保險人於本契約有效期間內因同一意外傷害事故致成失能後身故，並符合本契約第四條及第五條約定之申領條件時，本公司之給付總金額合計最高以保險金額為限。

前項情形，受益人已受領失能保險金者，本公司僅就保險金額與已受領金額間之差額負給付責任。

被保險人於本契約有效期間內因不同意外傷害事故致成失能、身故時，受益人得依第四條及第五條之約定分別申領保險金，不適用第一項之約定。

說明：

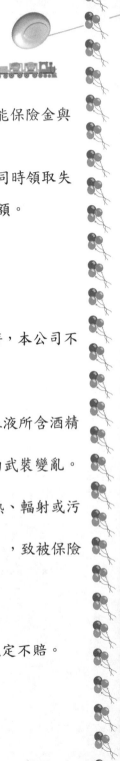

1. 因同一意外事故失能、然後身故，累計失能保險金與身故保險金額度，以保險金額為限。

2. 因不同意外事故造成失能、然後身故，可同時領取失能保險金與身故保險金，不需受限保險金額。

除外責任（原因）

第七條

被保險人因下列原因致成死亡、失能或傷害時，本公司不負給付保險金的責任。

一、要保人、被保險人的故意行為。

二、被保險人犯罪行為。

三、被保險人飲酒後駕（騎）車，其吐氣或血液所含酒精成份超過道路交通法令規定標準者。

四、戰爭（不論宣戰與否）、內亂及其他類似的武裝變亂。但契約另有約定者不在此限。

五、因原子或核子能裝置所引起的爆炸、灼熱、輻射或污染。但契約另有約定者不在此限。

前項第一款情形（除被保險人的故意行為外），致被保險人傷害或失能時，本公司仍給付保險金。

說明：

1. 被保險人酒駕所造成的意外事故，明文規定不賠。

2. 被保險人故意行為、犯罪行為與自殺，傷害險不賠。

不保事項
第八條
被保險人從事下列活動，致成死亡、失能或傷害時，除契約另有約定外，本公司不負給付保險金的責任，
一、被保險人從事角力、摔跤、柔道、空手道、跆拳道、馬術、拳擊、特技表演等的競賽或表演。
二、被保險人從事汽車、機車及自由車等的競賽或表演。

說明：

從事高危險性活動期間，意外險不賠。傷害險契約明訂之高危險性活動包含從事角力、摔跤、柔道、空手道、跆拳道、馬術、拳擊、特技表演、汽車機車競賽或表演等項目。

契約的無效
第九條
本契約訂立時，僅要保人知保險事故已發生者，契約無效。本公司不退還所收受之保險費。

說明：

1. 契約訂立時意外事故已發生，保險契約無效。針對要保人惡意詐欺投保行為，壽險公司可不退還所收保費。

2. 本條文呼應保險法第 51 條。

告知義務與本契約的解除

第十條

要保人在訂立本契約時，對於本公司要保書書面詢問的告知事項應據實說明，如有故意隱匿，或因過失遺漏或為不實的說明，足以變更或減少本公司對於危險的估計者，本公司得解除契約，其保險事故發生後亦同。但危險的發生未基於其說明或未說明的事實時，不在此限。

前項解除契約權，自本公司知有解除之原因後經過一個月不行使而消滅。

說明：

傷害險契約仍適用告知義務條款；本條文內容與保險法六十四條相同。

契約的終止
第十一條
要保人得隨時終止本契約。

前項契約之終止，自本公司收到要保人書面通知時，開始生效。

要保人依第一項約定終止本契約時，本公司應從當期已繳保險費扣除按短期費率計算已經過期間之保險費後，將其未滿期保險費退還要保人。

說明：

要保人可以隨時終止契約，終止後的已繳未到期保險費，

按照短期費率表退還保費。

職業或職務變更的通知義務
第十二條
被保險人變更其職業或職務時，要保人或被保險人應即時以書面通知本公司。

被保險人所變更的職業或職務，依照本公司職業分類其危險性減低時，本公司於接到通知後，應自職業或職務變更之日起按其差額比率退還未滿期保險費。

被保險人所變更的職業或職務，依照本公司職業分類其危險性增加時，本公司於接到通知後，自職業或職務變更之

日起，按差額比率增收未滿期保險費。但被保險人所變更的職業或職務依照本公司職業分類在拒保範圍內者，本公司於接到通知後得終止契約，並按日計算退還未滿期保險費。

被保險人所變更的職業或職務，依照本公司職業分類其危險性增加，未依第一項約定通知而發生保險事故者，本公司按其原收保險費與應收保險費的比率折算保險金給付。

說明：

1. 職業危險性減低時，也就是適用的職業等級降低，應自職業或職務變更之日起，按其差額比率退還未滿期(未到期)保險費。

2. 職業危險性增加時，也就是適用的職業等級提高，自職業或職務變更之日起，按差額比率增收未滿期保險費。

3. 被保險人所變更的職業或職務，未依約定通知而發生保險事故，壽險公司按其原收保險費與應收保險費的比率折算保險金給付。

受益人的指定及變更

第十七條

失能保險金的受益人，為被保險人本人，本公司不受理其指定或變更。

受益人之指定及變更，要保人得依下列約定辦理：

一、於訂立本契約時，經被保險人同意指定受益人。

二、於保險事故發生前經被保險人同意變更受益人，如要保人未將前述變更通知本公司者，不得對抗本公司。

前項受益人的變更，於要保人檢具申請書及被保險人的同意書送達本公司時，本公司應即予批註或發給批註書。本公司為身故或失能給付時，應以受益人直接申領為限。

說明：

1. 失能保險金的受益人，限制為被保險人本人。

2. 身故保險金受益人，由要保人指定，但需被保險人同意。

第五節 模擬考題與解析

1. 賀小康投保重大疾病健康保險，並以妻子與兒子為第一順位與第二順位受益人，請問他罹患尿毒症後洗腎，重大疾病保險金或住院醫療日額應給付給誰？

   A. 妻子

   B. 兒子

   C. 妻子兒子各半

   D. 賀小康

解答：D

● 醫療保險受益人限制為被保險人本人。

2. 關於傷害保險主約哪一項特色是正確的？

   A. 費率依照被保險人職業類別而定，與性別及年齡無直接相關

   B. 職業類別變更要主動通知保險公司，否則不予理賠

C. 產險公司可銷售還本終身傷害險

D. 屬於保證續保的一年期保單

解答：A

3. 比較健康與傷害保險，下列敘述何者為非？

A.健康險的承保範圍較大 B.健康險所需考量的核保面

向較廣 C.健康保險示範條款的除外部分較多 D.傷害

險契約有等待期間的規定，而健康險則無

解答：D

● 健康險承保範圍包含疾病與意外所致之醫療保險事

故且健康險訂有等待期間，諸如 30 天，傷害險契約

則無所謂等待期間。

4. 健康保險常見的保險商品不包含

A.醫療費用保險 B.終身壽險 C.失能所得保險

D.重大疾病保險

解答：B

● 終身壽險屬於人壽保險；重大疾病保險屬於醫療保險
與人壽保險二者的綜合險。

5. 張先生為自己投保新台幣 100 萬元保額的定期壽險，
若其在契約有效期間內因意外事故而致十足趾缺失，
則可獲得的失能保險金為新台幣多少元？

　A.無給付　B. 10 萬元　C. 50 萬元　D. 100 萬元

解答：A

● 全部失能時，定期壽險才能給付；部分失能，定期壽
險並無給付，傷害保險才有部分失能保險金之給付項
目。

6. 國內重大疾病保險所保障的疾病項目，不包括下列何
者？

　A.癌症　B.心肌梗塞　C.老年癡呆症　D.末期腎病變

解答：C

● 老年癡呆症非七項重大疾病之列，但未來可能成為重要疾病，不可不慎。

7. 計算健康保險費率的因素與人壽保險費率因素比較，下面哪一項因素對前者比較不重要？A.罹患率 B.費用率 C.利率 D.持續率

解答：C

● 相對上，對於一年期健康險而言，預定利率對於費率之影響明顯較不重要。

8. 下列何者為傷害保險的構成要素：(1)須由外來原因所觸發;(2)須為第三人行為所致;(3)須為身體上的傷害;(4)須非故意誘發：

A.1234　B.234　C.134　D.24。

解答：C

● 第三人責任險才需要限制為第三人之法定責任。

9. 傷害保險與旅行平安保險之主要差別在於
A.失能事故之失能等級 B.保險金額的高低 C.保險期間的長短 D.保險公司的類別。

解答：C

● 旅平險最長的期間為 180 天。

10. 傷害保險及健康保險業務，可由下列何者經營
   A.僅人身保險業者　　B.僅財產保險業者
   C.人身及財產保險業者 D.僅本國保險業者

解答：C

第七章　壽險行銷規範與核保

第一節　壽險核保與危險選擇概要

第二節　壽險行銷要點

第三節　壽險招攬法規及懲處規範

第四節　壽險業公平待客原則與評議制度

第五節　民法繼承要點與壽險稅賦規範

第六節　個資法摘要

第七節　模擬考題與解析

第七章 壽險行銷規範與核保

第一節 壽險核保與危險選擇概要[34]

一、壽險核保介紹

　　壽險業核保人員，指為壽險業依核保處理制度及程序，從事評估危險並簽署應否承保之人[35]。保戶簽妥要保文件後，透過業務人員或公司送件後，壽險公司新契約部門將先行將保單資料登載、掃描或連結，以利後續由核保人員進行核保事務，審查投保文件是否完整無誤、是否需要補繳保費、是否照會補全、客戶適合度是否無誤、客戶收入資產來源是否填寫正確、保費來源是否確實填寫、確認是否需要要求客戶體檢、是否進行生存調查、錄音控管作業內容是否完備及是否加費承保或拒保等相關事項。

---

[34] 參風險管理學會(2001)，人身風險管理與理財，P.48-49；呂廣盛，個人壽險核保概論，P.73、壽險公會(2012)第六章，壽險管理學會(2011)，第二十六章，賀冠群、廖勇誠(2017)
[35] 摘錄自保險業招攬及核保理賠辦法

確認新契約案件填寫完整而且被保險人體況符合核保規範時，才進行發單作業。核保作業十分重要，核保制度健全、業務招攬才能順利，後續理賠、保服與保費等作業才能順利進行。壽險公司的核保部門須配合主管機關規範及內部作業規範進行抽樣要求體檢、生存調查、電訪或針對中高齡被保險人、告知既有疾病或投保金額較高被保險人，要求客戶或業務員辦理體檢或額外提供資料。

核保作業除與被保險人健康或疾病攸關，並且涉及客戶財務收入與資產以及保費負擔能力的財務核保作業。另外也包含業務人員招攬過程檢核作業及業務員報告書之填寫內容確認等。

二、危險選擇三階段

就壽險公司角度，健全的核保制度可以做好危險選擇與評估、避免逆選擇或道德危險及減少不當銷售之情形，使得公司死差益增加，費率也相對公平合理。就業務人員角度，若核保制度不健全，則長期來說公司商品保費需調高或商品佣金需調降，以反映營運成本。

核保人員之主要職責為危險選擇，以確保費率之公平合理。壽險公司危險選擇，可分為以下三階段：

1. 第一次危險選擇：由壽險業務人員負責，透過親晤保戶、填寫業務人員報告書與客戶填寫告知事項等要保文件或資訊。

2. 第二次危險選擇：主要由體檢醫師負責，針對抽檢案件、超過免體檢額度或體況件，透過體檢與病歷等文件與資訊，作進一步的危險選擇。

3. 第三次危險選擇：主要由核保人員負責，針對要保文件、健康告知、病歷、體檢報告、健康問卷、額外風險數據或體檢醫師意見，對於被保險人進一步採取適宜的核保措施。

第二節　壽險行銷要點[36]

一、壽險公司的行銷通路介紹

1. 直接行銷通路

---

[36]參壽險公會(2018)，(2012)，壽管學會(2011)、賀冠群、廖勇誠(2017)及主管機關法令規範編撰

　　投保案件業務來源由壽險公司轄下直屬員工招攬，銷售人員屬於公司自己內聘的銷售團隊；諸如通訊處壽險業務員、團體保險業務員、理財業務員、公司內部的網路或電話行銷業務員等。直接行銷通路可能透過賣方主動的模式進行，例如：業務人員拜訪客戶模式行銷、透過資料庫系統郵寄給目標客戶行銷或電話行銷等。另一方面，也可能採取買方主動模式，客戶透過打電話投保、網路投保、臨櫃投保或電視媒體投保等模式。

2. 間接行銷通路

　　業務來源為簽約合作的外部銷售單位，諸如：銀行、保經公司、保代公司、電視媒體、電話行銷公司等。

二、人身風險與壽險行銷

　　人身保險提供保戶發生生老病死傷害失能等各項保險事故的保障。因此有了壽險保障，個人或家庭得以在遭遇保險事故時，降低陷入財務困境，讓家屬擁有一定水準的生活品質及財務收入來源。

　　壽險行銷工作，其實是透過持續不斷的尋找準客戶、服務既有客戶、拜訪客戶、協助客戶進行保險需求分析、協助客戶規劃設計保單及解說保單的流程。

　　規劃設計適合客戶的良質(優質)保單，非常重要。保險規劃需考量客戶適切的需求、足夠的保額以及保費金額需要適當而且有能力負擔。

三、壽險商品特定及壽險業務員工作特性

1. 壽險商品為無形商品：客戶不會自己主動投保，經常有賴於解說後，才知道自身需要壽險保障。

2. 壽險業務員需要具備許多層面豐富的知識：包含壽險商品、社會保險、保險相關法規、核保、理賠、保戶服務、醫療保健與健檢、租稅規劃、退休規劃、投資理財、人際溝通及數位網路科技等各個層面的豐富知識。

3. 工作內容及收入：壽險行銷為意義崇高的職業而且工作時間彈性、工作自由。具一定經驗後，業務收入與投入的時間，相對上更可以自行調整。

四、協助客戶編制家庭經濟理財計畫

　　人生旅程或稱生命週期需要經歷許多階段；透過家庭經濟理財計畫可以讓個人或家庭更了解當下及未來的財務收入狀況與可能的風險，並提早預先進行壽險規劃及理財規劃。

　　透過編制個人或家庭生活規劃書或生命週期表，可以讓個人或家庭更了解現在及未來的各個人生階段的財務收支狀況與需求。諸如：遺族生活需求、退休生活需求、購物資金需求、子女教育、結婚、創業資金需求、生病受傷所需的緊急預備金、旅遊教育等資金需求。

五、壽險銷售流程

　　壽險行銷的流程包含準備與自我介紹、蒐集資料並培養良好關係、協助客戶發現及了解可能的經濟問題、提出建議的解決對策、客戶拒絕問題的傾聽與處理、成交及售後服務。摘列如下：

1. 拜訪客戶、客戶資訊蒐集並了解商品專業

2. 編制客戶生活規劃書及保險建議書

3. 人身保險商品規劃解說、說明與溝通

4. 填寫要保文件

5. 提供後續客戶服務事宜

六、壽險業務員如何挑選準客戶

1. 符合商品投保規則的客戶：身體相對健康、有能力負擔保險費金額的客戶、方便聯繫並拜訪的客戶、更需要保險保障的客戶。

2. 準客戶之來源：

(1)緣故客戶：家人、親戚、同事、同業、過去的客戶朋友、同學、老師、曾有消費的商家店家、鄰居、興趣嗜好相同的親友、宗教信仰相同或社團/學會朋友等。

(2)陌生客戶或既有客戶轉介的客戶/業務。

(3)企業團體的業務開拓

七、壽險業務員之客戶管理

1. 強化客戶管理：善用客戶關係管理系統或客戶資料庫
   進行客戶管理，以協助業務推動。

2. 客戶關係管理(CRM,Customer Relationship
   Management)系統之優點：

(1)E 化作業、效率提升，減少紙張書寫而且容易讀取及保
   存。

(2)容易以客戶需求為導向：速度增快、客戶分析更便捷、
   更快速；可以迅速規劃持續性的事件式行銷活動，諸
   如：客戶生日、客戶保險年齡增加 1 歲、三節祝福問
   候、滿期金到期、生存金或年金通知、客戶子女年滿
   15 歲或客戶年滿 60 歲等。

八、壽險業務員的時間管理

　　業務員的時間管理非常重要，良好的時間管理可以讓
客戶服務量或拜訪量增加、滿意度提升、降低時間浪費並
增加工作收入。為落實時間管理，業務員需要進行年度計

畫、月份計畫、每週計畫以及最為具體明確的每日行程規

劃。例如：5 月份業務計畫如下：

(1)平均每日親自拜訪 2 位準客戶。

(2)平均每日透過電話或通訊軟體與 2 位客戶進行互動關

懷。

(3)平均每 3 日向客戶解說 1 張壽險建議書。

(4)平均每天花費 1 小時充實壽險專業知識。

(5)每週參與讀書會並於下個月完成壽險業務員資格測驗

考試。

九、壽險業務員的增員

增員可區分為直接增員或間接增員，列述如下：

1. 直接增員：比照一般公開招聘甄選模式，透過媒體公

開徵求後，遴選適任人員給予培訓後任用。

2. 間接增員：保險業務員透過其親友等緣故來源或對於

其保戶增員後進行培訓任用。

十、壽險業務員的教育訓練時數要求

1. 登錄第 1 年：每年至少 30 個小時、9 種課程。

2. 登錄第 2 年以後：每年至少 12 個小時的教育訓練。

3. 壽險業務員銷售年金保險需要額外參與之訓練課程：第一年度教育訓練課程中，須完成年金保險課程訓練並測驗合格後，向公會申請並備查。訓練教材應包含利率變動型年金保險商品與條款等規範，而且課程時數應符合要求：

   ● **上課時數：至少 3 小時。**

   ● 須保存受訓證明。

4. 投資型保險：每 **3** 年進行投資型保險商品、相關法規及基金標的相關課程**至少 6 小時(法規至少 2 小時)**並完成測驗。

5. 外幣傳統保險：應將匯率風險及外匯相關法規納入教育訓練課程。各公司並應將外幣傳統保單教材列入教育訓練，**時數至少 5 小時**。

第三節　壽險招攬法規及懲處規範

　　依據保險法第8條之1規定,保險業務員指為保險業、保險經紀人公司、保險代理人公司或兼營保險代理人或保險經紀人業務之銀行,從事保險招攬之人。壽險業務員從事保險招攬,務必了解相關法規並遵循相關法規,以免誤觸紅線而遭受處罰。

壹、不當招攬行為可能涉及之處罰

　　壽險業務員若涉及不當招攬行為,可以牽涉到刑法、民法、金融消費者保護法、保險法規及主管機關裁罰。列舉如下:

一、刑法:可能涉及偽造文書、詐欺行為、侵占行為
　　背信行為等相關法規。

二、民法:侵權行為損害賠償。

三、金融消保法、業務員管理規則、勞動法規等相關法規:
　　業務員與公司間之勞動法規及員工賠償責任;另外壽險公司須依照業務員管理規則予以懲罰。

四、主管機關行政裁罰：主管機關對於壽險公司及業務員之處罰，諸如：糾正、罰款、解除職務、限期改善等。

貳、招攬規範：保險業務員管理規則法條摘要

保險業務員管理規則

第七條

申請登錄之業務員有下列情事之一，應不予登錄；已登錄者，所屬公司應通知各有關公會註銷登錄：

一、無行為能力、限制行為能力或受輔助宣告尚未撤銷者--須年滿 20 歲。

二、申請登錄之文件有虛偽之記載者。

三、曾犯組織犯罪防制條例規定之罪，經有罪判決確定，尚未執行完畢，或執行完畢、緩刑期滿或赦免後尚未逾五年者。

四、曾犯偽造文書、侵占、詐欺、背信罪，經宣告有期徒刑以上之刑確定，尚未執行完畢，或執行完畢、緩刑期滿或赦免後尚未逾三年者。

五、違反保險法、銀行法、金融控股公司法、信託業法、票券金融管理法、金融資產證券化條例、不動產證券化條例、證券交易法、期貨交易法、證券投資信託及顧問法、管理外匯條例、信用合作社法、洗錢防制法或其他金融管理法律，受刑之宣告確定，尚未執行完畢，或執行完畢、緩刑期滿或赦免後尚未逾三年者。

六、受破產之宣告，尚未復權者。

七、有重大喪失債信情事尚未了結或了結後尚未逾三年者。

八、依第十九條規定在受停止招攬行為期限內或受撤銷業務員登錄處分尚未逾三年者。

九、已登錄為其他經營同類保險業務之保險業、保險代理人公司、保險經紀人公司或銀行之業務員未予註銷，而重複登錄者。

十、已領得保險代理人或保險經紀人執業證照，或充任其他保險代理人公司、保險經紀人公司或保險公證人公司之負責人者。

十一、最近三年有事實證明從事或涉及其他不誠信或不正當之活動，顯示其不適合擔任業務員者。

第十五條(招攬行為與授權規範)
業務員經授權從事保險招攬之行為，視為該所屬公司授權範圍之行為，所屬公司對其登錄之業務員應嚴加管理並就其業務員招攬行為所生之損害依法負連帶責任。

業務員同時登錄為財產保險及人身保險業務員者，其分別登錄之所屬公司應依法負連帶責任。

前項授權，應以書面為之，並載明於其登錄證上。

第一項所稱保險招攬之行為，係指業務員從事下列之行為：

一、解釋保險商品內容及保單條款。

二、說明填寫要保書注意事項。

三、轉送要保文件及保險單。

四、其他經所屬公司授權從事保險招攬之行為。

業務員從事前項所稱保險招攬之行為，應取得要保人及被保險人親簽之投保相關文件；**業務員招攬涉及人身保險之商品者，應親晤要保人及被保險人。**但主管機關另有規定者不在此限。

業務員應於所招攬之要保書上親自簽名並記載其登錄字號。但主管機關另有規定者不在此限。

第十六條

業務員從事保險招攬所用之文宣、廣告、簡介、商品說明書及建議書等文書，應標明所屬公司之名稱，所屬公司為代理人、經紀人或銀行者並應標明往來保險業名稱，並不得假借其他名義、方式為保險之招攬。

前項文宣、廣告、簡介、商品說明書及建議書等文書之內容，應與保險業報經主管機關審查通過之保險單條款、費率及要保書等檔相符，且經所屬公司核可同意使用，其內容並應符合主管機關訂定之資訊揭露規範。

保險代理人、經紀人公司或銀行所屬業務員使用之文宣、廣告、簡介、商品說明書及建議書等文書應經其往來保險業提供或同意方可使用。

第十七條

業務員如有涉嫌違反保險法令之情事或主管機關就業務員從事保險招攬相關事項之查詢，所屬公司或業務員應於主管機關所訂期間內，向主管機關說明或提出書面報告資料。

第十八條

業務員所屬公司對業務員之招攬行為應訂定獎懲辦法,並報各所屬商業同業公會備查。

前項獎懲辦法之訂定或修正程序,所屬公司應納入業務員代表參與表達意見,秉持公正、公開及維護保戶權益之方式辦理,並於懲處業務員前應給予其陳述意見機會或程序及事後救濟之機制。

主管機關或各相關公會對熱心公益有具體事蹟或就保險市場推展著有貢獻之績優公司或優秀業務員得予以表揚或以其他方式獎勵之。

第十九條

業務員有下列情事之一者,除有犯罪嫌疑,應依法移送偵辦外,其行為時之所屬公司並應按其情節輕重,予以三個月以上一年以下停止招攬行為或撤銷其業務員登錄之處分:

一、就影響要保人或被保險人權益之事項為不實之說明或不為說明。

二、唆使要保人或被保險人對保險人為不告知或不實之告知;或明知要保人或被保險人不告知或為不實之告知而故意隱匿。

三、妨害要保人或被保險人為告知。

四、**對要保人或被保險人以錯價、放佣或其他不當折減保險費之方法為招攬。**

五、對要保人、被保險人或第三人以誇大不實之宣傳、廣告或其他不當之方法為招攬。

六、未經所屬公司同意而招聘人員。

七、代要保人或被保險人簽章、或未經其同意或授權填寫有關保險契約文件。

八、以威脅、利誘、隱匿、欺騙等不當之方法或不實之說明慫恿要保人終止有效契約而投保新契約致使要保人受損害。

九、未經授權而代收保險費或經授權代收保險費而挪用、侵占所收保險費或代收保險費未依規定交付保險業開發之正式收據。

十、以登錄證供他人使用或使用他人登錄證。

十一、招攬或推介未經主管機關核准或備查之保險業務或其他金融商品。

十二、為未經主管機關核准經營保險業務之法人或個人招攬保險。

十三、以誇大不實之方式就不同保險契約內容，或與銀行存款及其他金融商品作不當之比較。

十四、散播不實言論或文宣，擾亂金融秩序。

十五、挪用款項或代要保人保管保險單及印鑑。

十六、於參加第五條之資格測驗，或參加第十一條之特別測驗時，發生重違規、舞弊，經查證屬實。

十七、違反第九條、第十一條第二項、第十四條第一項、第十五條第四項、第五項或第十六條規定。

十八、其他利用其業務員身分從事業務上不當行為。

前項業務員行為時之所屬公司已解散或註銷公司執業證照者，由現行所登錄之所屬公司予以處分。

登錄有效期間內受停止招攬行為處分期間累計達二年者，應予撤銷其業務員登錄處分。

第十九條之一

業務員不服受停止招攬登錄、撤銷登錄處分者，**得於受處分之通知到達之日起一個月內，以書面具明理由向原處分公司提出申復，並以一次為限**，原處分公司並應於申復書面資料到達一個月內將復查結果以書面通知業務員。

業務員對前項復查結果有異議者，得於收到復查結果之日起**三個月內以書面具明理由向各有關公會之申訴委員會申請覆核，並以一次為限**。

前項申訴委員會之組織，其成員應包含業務員代表，並由各有關公會訂定後報主管機關備查。

補充規範：

● 依據主管機關 85.9.18 函，保戶因不實文宣廣告而投保，若產生疑義而退保時，壽險公司至少退還全部所繳保險費並加計利息。

參、業務員登錄訓練

第九條

業務員登錄證有效期間為五年，應於期滿前辦妥換發登錄證手續，未辦妥前不得為保險之招攬。

業務員換證作業規範，由各有關公會訂定報主管機關備查。

第十條

業務員有異動者，所屬公司應於異動後五日內，依下列規定向各有關公會申報：

一、登錄事項有變更者，為變更登錄。

二、業務員受停止招攬行為之處分者，為停止招攬登錄。

三、**業務員有第七條、死亡、喪失行為能力、終止合約、或其他終止招攬行為之情事者，為註銷登錄。**

四、業務員有第十三條或第十九條撤銷之情事者，為撤銷登錄。

前項第二款至第四款情形，業務員應向原所屬公司繳銷登錄證。前項第三款業務員之異動日，應以業務員辦妥異動手續日為準。

所屬公司在辦妥異動登錄前，對於該業務員之保險招攬行為仍視為所屬公司之行為。

所屬公司如有停業、解散或其他原因無法繼續經營或執行業務者，應為其業務員向各有關公會辦理註銷登錄；所屬公司未辦理者，業務員得委由其所屬公司之商業同業公會向各有關公會辦理註銷登錄。

業務員與所屬公司之勞務契約終止後，所屬公司無正當理由不予辦理註銷登錄者，業務員得向其所屬公司之商業同業公會申請處理。

前項申請事由經查證屬實者，各有關公會應依本規則規定辦理註銷登錄並通知所屬公司。

第十二條

業務員應自登錄後每年參加所屬公司辦理之教育訓練。

各有關公會應訂定教育訓練要點，並報主管機關備查後通知所屬會員公司辦理。

前項教育訓練要點應依業務員招攬保險種類訂定相關課程。

第十三條

業務員不參加教育訓練者，所屬公司應撤銷其業務員登錄。

參加教育訓練成績不合格，於一年內再行補訓成績仍不合格者，亦同。

第十四條

業務員經登錄後，應專為其所屬公司從事保險之招攬。

保險業、保險代理人公司之業務員，取得相關資格，得登錄於另一家非經營同類保險業務之保險業或保險代理人公司，並以一家為限。

保險經紀人公司之業務員取得相關資格，得登錄於另一家非經營同類保險業務之保險經紀人公司，並以一家為限。

業務員轉任他公司時，應依第六條規定重新登錄；異動後再任原所屬公司之業務員者，亦同。

補充規範：

● 業務員因註銷或停止招攬等異動，再登錄間隔期間≧ 1年，發證日期以再登錄日期為準重新計算。

● 業務員因離職等原因而異動，若再辦理登錄間隔期間在1年以下且尚未完成教育訓練，由再登錄公司(新公司)辦理補訓。若間隔期間超過1年者，教育訓練年度以再登錄日期為準重新計算。

● 業務員無故未按時辦理每5年換證，所屬公司應予以3個月以上1年以下停止招攬行為或撤銷其業務員登錄處分。

● 業務員如果曾經受業務員管理規則第13條或第9條的撤銷登錄處分，應重新參加業務員資格測驗合格，才能重新辦理登錄。

● 壽險業務員登錄作業由中華民國人壽保險商業同業公會(壽險公會)辦理。

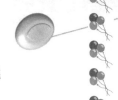

肆、 洗錢防制法規摘要-金融機構防制洗錢辦法

1. 洗錢防制作業主要目的為降低非法洗錢等犯罪行為，諸如販毒、詐騙所得、掏空企業之防制。打擊資恐作業主要目的為降低任何形式的資助(協助)恐怖(攻擊)或毀滅武器活動。

2. 洗錢防制法第五條

   金融機構，包括下列機構：
   一、銀行。
   二、信託投資公司。
   三、信用合作社。
   四、農會信用部。
   五、漁會信用部。
   六、全國農業金庫。
   七、辦理儲金匯兌、簡易人壽保險業務之郵政機構。
   八、票券金融公司。
   九、信用卡公司。
   十、保險公司。
   十一、證券商。
   十二、證券投資信託事業。
   十三、證券金融事業。
   十四、證券投資顧問事業。
   十五、證券集中保管事業。
   十六、期貨商。

十七、信託業。

十八、其他經目的事業主管機關指定之金融機構。

3. 指定之非金融事業或人員，指從事下列交易之事業或人員：銀樓業、地政士及不動產經紀業、律師、公證人、會計師等。

4. 通報門檻：須限期內向<u>法務部調查局</u>申報

大額通貨交易通報：指<u>新臺幣 50 萬元</u>（含等值外幣）；包含現金收取或支付或換鈔。

5. 疑似可疑交易申報門檻：<u>不論金額多寡</u>，皆須限期內向法務部調查局申報。

6. 金融機構確認客戶身分措施，應依下列規定辦理：

一、金融機構不得接受客戶以匿名或使用假名建立或維持業務關係。

二、金融機構於下列情形時，應確認客戶身分：

(一)與客戶建立業務關係時。

(二)進行下列臨時性交易：

(1)辦理新臺幣五十萬元以上交易(含國內匯款)或五十
　　張以上電子票證交易時；多筆顯有關聯之交易合計
　　達一定金額以上時，亦同。

(2)辦理新臺幣三萬元(含等值外幣)以上之跨境匯款
　　時。

(三)發現疑似洗錢或資恐交易時。

(四)對於過去所取得客戶身分資料之真實性或妥適性有
　　所懷疑時。

7. 相關文件至少保存 5 年。

8. 保險業對於經評估為**高洗錢風險客戶**，應加強確認客
　戶身分及強化持續審查，**至少每年檢視一次**。

9. 疑似可疑交易行為：摘列如下

**(1)現有客戶過去投保習慣皆為投保低保費之保險，並以定
　期繳費方式繳交保險費，突欲投保大額躉繳之保險，
　且無法提出合理說明者。**

**(2)客戶購買保險商品時，對於保障內容或給付項目完全不
　關心，抑或對於具高保單價值準備金或具高現金價值**

或躉繳保費之保險商品，僅關注保單借款、解約或變更受益人等程序。

(3)客戶平時以定期付款方式繳交保費，突然要求訂立一次付清保費的大額契約。

(4)客戶短期內密集投保具高保單價值準備金之保險商品，且投保內容與其身分、收入顯不相當，或與其營業性質無關者。

(5)同一客戶各項現金收入或支出(含同一營業日同一交易帳戶數筆款項之合計數)在新臺幣50萬元(含等值外幣)以上之通貨交易，且符合疑似洗錢交易表徵者。

(6)大額保費非由保險契約之當事人或利害關係人付款，且無法提出合理說明。

(7)保戶於短期內密集繳交多筆增額保費，且總金額達一定金額以上，並申請辦理部分贖回、解除契約或終止契約、保單借款等，達一定金額以上，且無法提出合理說明者。

(8)客戶以躉繳大額保費方式購買長期壽險保單後，短期內申請辦理大額保單借款或終止契約，且無法提出合理說明者。

(9)客戶刻意規避確認身分相關規定程序者。

伍、保險業業務人員酬金制度應遵行原則摘錄

業務人員酬金指因銷售保險商品或服務，而由保險業給予之佣金、獎金及其他具有實質獎勵性質之報酬。但不包括與業務人員個人業績表現無關之獎金或紅利。保險業訂定其業務人員酬金制度，至少應符合下列原則：

一、應衡平考量客戶權益、保險商品或服務對公司及客戶可能產生之各項風險，並應綜合考量財務指標及非財務指標因素。

二、避免引導業務人員為追求酬金而從事逾越公司風險胃納之行為，並應定期審視酬金制度，以確保其符合公司之風險管理政策。

三、應注意業務人員是否充分暸解要保人及被保險人之事項，並考量招攬品質及招攬糾紛等因素，避免業務人員不當賺取酬金之情事。

四、酬金應經精算部門審慎評估，並考量其與保險商品附加費用率之關係。

五、保險商品依保險法令、公會自律規範或各會員公司規定致保險契約撤銷、無效、解除時,應按與業務人員所簽訂之合約或其所適用之辦法規定追回已發放之酬金。

六、酬金制度不得僅考量業績目標之達成情形,應避免於契約成立後立即全數發放。

七、業務人員之離職金約定應依據已實現之績效予以訂定,以避免短期任職後卻領取大額離職金等不當情事。

補充說明:

1. 財務指標為依據可數量化的衡量項目作為衡量指標,例如:保費收入、洽訂保險契約件數、人身保險保單繼續率、申訴件數等。

2. 非財務指標為依據較無法數量化的衡量項目(質化項目),例如:相關法令或自律規範或作業規定遵循情形、稽核缺失情形、招攬糾紛情形、執行充分瞭解客戶作業(KYC)之確實度、招攬報告書填列之詳實度等項目。

第四節　壽險業公平待客原則與評議制度

壹、公平待客原則摘要

　　金融監督管理委員會頒佈「金融服務業公平待客原則」，作為金融服務業推動與執行金融消費者保護之參考，並要求業者每年至少對於業務員進行3個小時的公平待客原則教育訓練，關於公平待客原則摘列如後。

一、　訂約公平誠信原則
　　（一）公平原則
　　（二）誠實信用原則
　　（三）對客戶解釋之原則
　　（四）審閱期間或撤銷契約機制之告知

二、　注意與忠實義務原則

三、　廣告招攬真實原則
　　(一) 廣告不得有誇大不實、誤導、混淆客戶之情事
　　(二) 廣告應以顯著方式揭露風險或限制，並提供完整交易條件資訊
　　(三) 洽訂之商品須經主管機關核准或備查、公司核可
　　(四) 廣告招攬，應標明往來保險業名稱，不得假借其他名義招攬保險

四、　商品或服務適合度原則
　　(一) 充分暸解客戶之相關資料以落實執行確保商品

或服務對客戶之適合度

(二) 適合度原則之實踐

五、 告知與揭露原則

(一)訂約前充分揭露資訊，說明重要內容

(二)告知與揭露之方式：訂約前以顯著方式或當面
表達，核保前再次確認

(三)向客戶收取報酬者，應告知客戶報酬標準

(四)個人資料保護之相關權益

六、 複雜性高風險商品銷售原則[37]

(一)訂約前充分告知與揭露之方式

(二)內部控制及稽核制度之建立

(三)不當銷售之處理

七、 酬金與業績衡平原則

(一)酬金制度制定及修正

(二)酬金制度應衡平考量各項風險，不得僅考量業
績目標

八、 申訴保障原則

九、 業務人員專業性原則

(一)一定資格及登錄

(二)教育訓練

(三)業務人員之專業判斷及職務執行客觀性

---

[37] 複雜性商品：連結結構型債券的投資型保險。

貳、金融消費者保護法實施後的申訴與評議制度

金融消保法於 101 年度開始實施，制定目的為保護金融消費者權益，公平、合理、有效處理金融消費爭議事件，以增進金融消費者對市場之信心，並促進金融市場之健全發展。

一、金融消費者保護法對於金融服務業之義務與責任規範

1. 對金融消費者之責任，不得預先約定限制或免除。違反者，該部分約定無效。

2. 訂立契約，應本公平合理、平等互惠及誠信原則。

3. 訂立之契約條款顯失公平者，該部分條款無效；契約條款如有疑義時，應為有利於金融消費者之解釋。

4. 應盡善良管理人之注意義務。

5. 應確保廣告內容之真實。

6. 由業者或業務員負擔舉證責任。

二、金融消保法規範摘錄

1. 適用的金融產業：銀行業、證券業、期貨業、保險業、電子票證業及其他經主管機關公告之金融服務業，皆需要納入規範。

2. 金融消保法要求壽險業者應遵循以下事項：

   金融服務業與金融消費者訂立提供金融商品或服務之契約，應本公平合理、平等互惠及誠信原則。

(1)金融服務業刊登、播放廣告及進行業務招攬或營業促銷活動時，不得有虛偽、詐欺、隱匿或其他足致他人誤信之情事，並應確保其廣告內容之真實。

(2)金融服務業與金融消費者訂立提供金融商品或服務之契約前，應充分瞭解金融消費者之相關資料，以確保該商品或服務對金融消費者之適合度。

(3)金融服務業與金融消費者訂立提供金融商品或服務之契約前，應向金融消費者充分說明該金融商品、服務及契約之重要內容，並充分揭露其風險。

3. 依金融消費者保護法規定，金融保險消費者須先向金融保險業者提出申訴，如不接受金融保險業者的申訴

處理結果，或金融保險業者超過 30 天不為處理者，始得向評議中心申請評議。

4. 金融保險消費者若同意壽險業者的處理結果，則僅列入申訴案件，而不需納入申請評議案件。

5. 金融服務業違反金融消費者保護法規定，導致金融消費者受有損害者，應負損害賠償責任。但金融服務業能證明損害之發生非因其未充分暸解金融消費者之商品或服務適合度或非因其未說明、說明不實、錯誤或未充分揭露風險之事項所致者，不在此限。

6. **無相當因果關係之舉證責任必須由壽險公司或壽險業務員負擔**，若壽險公司或壽險業務員能夠舉證證明自身並無疏失、過失或故意行為，才得以免除責任，否則壽險公司或壽險業務員可能需要負擔賠償責任。

7. 評議成立後，得於成立之日起 90 日內，將評議書送請法院核可。**評議書經法院核可者，與民事確定判決具有相同效力。**

三、常見保險爭議類型

　　歸納評議中心的評議案件與爭議類型如下：

表 7.1 常見爭議類型

機構別	保險消費爭議類型
壽險公司 主要爭議(理賠)	◇「事故發生原因認定」 ◇「理賠金額認定」 ◇「承保範圍」 ◇「必要性醫療」 ◇「違反告知義務」
壽險公司 主要爭議(非理賠)	◇「業務招攬爭議」 ◇「停效復效爭議」 ◇「未遵循服務規範」 ◇「保單紅利」
壽險經紀人與代理 人主要爭議(理賠)	◇「投保時已患疾病或妊娠中」 ◇「不保事項(除外責任)」 ◇「醫療單據認定契約效力」 ◇「條款解釋爭議」 ◇「違反告知義務」
壽險經紀人與代理 人主要爭議(非理賠)	◇「業務招攬爭議」 ◇「未遵循服務規範」 ◇「非要保人本人親簽」 ◇「保費交付」

資料來源：參考評議中心統計資料歸納整理

四、遵循評議決定之額度

1. 人身保險給付(不包含多次給付型的醫療保險金)與投資型保險**商品或服務**：**100萬台幣**。

   經評議中心評議後，若決定後的壽險公司應給付金額在 **100萬元**之內，壽險業者須遵循接受該決定，不得拒絕；但超出 100 萬元額度之評議決定，業者可拒絕接受。

2. 多次給付型的醫療保險金及**非屬保險給付**爭議類型：**10萬台幣**。

3. 投資型保險商品或服務之遵循額度一律為 100 萬。

第五節　民法繼承要點與壽險稅賦規範[38]

一、民法繼承篇要點

1. 向法院聲請死亡宣告年限規範：

(1)失蹤人失蹤滿 7 年。

---

[38] 參壽險公會(2018)；民法繼承篇規範，廖勇誠(2016)；陳棋炎、黃宗樂、郭振恭(2004)，第 2 & 3 章

(2)若失蹤人為 80 歲以上，失蹤滿 3 年。

(3)特別災難，失蹤滿 1 年。

2.　2 人以上同時遇難，不能證明其死亡先後者，推定為同時死亡。因此遇難 2 人相互不繼承；但可能存在代位繼承(由身故者的直系血親卑親屬代位繼承)。

3.　法定繼承人：

(1)配偶為當然繼承人，可與任一順位繼承人一起繼承遺產。

(2)繼承順位：如配偶外，依下列順序：

　a.第一順位：直系血親卑親屬；依據血親關係判定，包含子女、孫子女、養子女、曾孫子女；孫子女包含內孫及外孫。

　b.第二順位：父母；依據血親關係判定，包含生父母或認養的父母。

　c.第三順位：兄弟姊妹。

　d.第四順位：祖父母(內外祖父母)。

(3)應繼分：民法繼承篇規範各繼承人得繼承的比例。

　a.配偶與子女(卑親屬)：平均分配(依人數比例)。

b.配偶與父母：配偶 1/2；父母共 1/2(各 1/4)。

c.配偶與兄弟姊妹：配偶 1/2；兄弟姊妹共 1/2。

(4)特留分：民法繼承篇規範應保留給特定繼承人的遺產比
例。

a.直系血親卑親屬、父母、配偶：應繼分的 1/2。

b.兄弟姊妹、祖父母：應繼分的 1/3。

二、遺產稅重要規範(依據遺產與贈與稅法)

1. 遺產稅按被繼承人死亡時,其遺產總額減除各項扣除額及免稅額後之課稅遺產淨額,課徵 10%~20%[39]。

2. 109 年度免稅額及主要扣除額

   ● 免稅額:1200 萬。
   ● 配偶扣除額:493 萬。
   ● 直系血親卑親屬扣除額、扶養兄弟姊妹、祖父母扣除額:每人 50 萬;未滿 20 歲,每年另加扣 50 萬。
   ● 父母扣除額:每人 123 萬。
   ● 喪葬費用扣除額:123 萬。

3. 約定於被繼承人死亡時,給付其所指定受益人之人壽保險金額、軍、公教人員、勞工或農民保險之保險金額,不計入遺產總額計算。

三、贈與稅重要規範(依據遺產與贈與稅法)

1. 贈與稅按贈與人每年贈與總額減除扣除額及免稅額後之課稅贈與淨額,課徵 10%~20%。

---

[39] 5000 萬以下:10%;5000 萬~1 億部分:15%;超過 1 億部分 20%。

2. 贈與稅納稅義務人，每年得自贈與總額中減除免稅額 220 萬元(109 年)。

3. 贈與稅之納稅義務人為**贈與人**。

4. 被繼承人死亡前 2 年內贈與配偶及相關繼承人之財產，應於被繼承人死亡時，視為被繼承人之遺產，併入其遺產總額。

5. 若有贈與行為且超過免稅額，需在贈與行為發生後 30 日內向國稅局申報。

四、個人綜合所得稅重要規範(依據所得稅法)

1. 納稅義務人、配偶或受扶養直系親屬之人身保險、勞工保險、國民年金保險及軍、公、教保險之保險費，每人每年扣除數額以不超過 24,000 元為限。但全民健康保險之保險費不受金額限制。

2. 人身保險、勞工保險及軍、公、教保險之保險給付，免納所得稅。

五、最低稅負制(依據所得稅基本稅額條例)

1. 個人之基本稅額：基本所得額扣除新臺幣 670 萬元(109 年額度)後，按 20%計算之金額。

2. 個人之基本所得額：依所得稅法規定計算之綜合所得淨額，加計下列各項金額後之合計數：

   (1)境外所得：未計入綜合所得總額之非中華民國來源所得，但一申報戶全年之境外所得合計數未達新臺幣 100 萬元者，免予計入。

   (2)施行後所訂立受益人與要保人非屬同一人之人壽保險及年金保險，受益人受領之保險給付。但死亡給付每一申報戶全年合計數在新臺幣 3,330 萬元以下部分(109 年額度)，免予計入。

   (3)私募證券投資信託基金之受益憑證之交易所得。

   (4)依所得稅法或其他法律規定於申報綜合所得稅時減除之非現金捐贈金額。

   (5)施行後法律新增之減免綜合所得稅之所得額或扣除額，經財政部公告者。

六、適用實質課稅原則概要

指定受益人之人壽保險給付不計入遺產總額，其立法意旨是考量被繼承人需要保障並避免遺族生活陷於困境，因此提供免課徵遺產稅稅惠。但如果<u>個案有鉅額投保、高齡投保、重病投保、短期密集投保、躉繳投保、舉債投保、保險費相當於保險給付之儲蓄保險、投保年金保險或投資型保險等情況，可能被國稅局依照實質課稅原則，就該保險給付併課遺產稅。</u>

七、團體保險之稅惠

依據營利事業所得稅查核準則，營利事業為員工投保之團體人壽保險、團體健康保險及團體傷害保險，其由營利事業負擔之保險費，以營利事業或被保險員工及其家屬為受益人者，准予認定。每人每月保險費合計在**新臺幣2千元以內部分，免視為被保險員工之薪資所得**；超過部分，視為對員工之補助費，應轉列各該被保險員工之薪資所得。

第六節 個資法摘要

1. 立法目的：為規範個人資料之蒐集、處理及利用，以避免人格權受侵害，並促進個人資料之合理利用。

2. 個人資料之蒐集、處理或利用，應尊重當事人之權益，依誠實及信用方法為之，<u>不得逾越特定目的之必要範圍</u>，並應與蒐集之目的具有正當合理之關聯。

3. 有關病歷、醫療、基因、性生活、健康檢查及犯罪前科之個人資料，不得蒐集、處理或利用。但有下列情形之一者，不在此限：

   (1)<u>法律明文規定。</u>

   (2)<u>公務機關執行法定職務或非公務機關履行法定義務必要範圍內，且事前或事後有適當安全維護措施。</u>

   (3)<u>當事人自行公開或其他已合法公開之個人資料。</u>

   (4)公務機關或學術研究機構基於醫療、衛生或犯罪預防之目的，為統計或學術研究而有必要，且資料經過提供者處理後或經蒐集者依其<u>揭露方式無從識別</u>特定之當事人。

(5)為協助公務機關執行法定職務或非公務機關履行法定義務必要範圍內,且事前或事後有適當安全維護措施。

(6)經當事人書面同意。但逾越特定目的之必要範圍或其他法律另有限制不得僅依當事人書面同意蒐集、處理或利用,或其同意違反其意願者,不在此限。

第七節 模擬考題與解析

1. 壽險業務員從事保險招攬之年齡限制為？

    A.18歲

    B.20歲

    C.30歲

    D.保險年齡20歲

解答：B

2. 壽險業務員登錄第一年度之教育訓練課程要求，至少需要有幾個小時的訓練時數？

    A.18小時

    B.12小時

    C.30小時

    D.40小時

解答：C

3. 壽險業務員登錄第3年度之教育訓練課程要求，至少需要有幾個小時的訓練時數？

A.18小時

B.12小時

C.30小時

D.40小時

解答：B

4. 壽險業務員如果未經當事人同意或授權，代替客戶在要保書上簽名的行為，壽險公司應按情節輕重如何處罰？

A.記過處分

B.申誡

C.予以2年以上停止招攬行為或撤銷登錄處分

D.主管加強宣導即可

解答：C

5. 壽險業務員新登錄後，因為註銷登錄或停止招攬等異動後，1年後再辦理登錄，請問教育訓練年度如何計算？

A.重新計算(第1年至少30小時)

B.自動延續計算(第3年至少12小時)

C.自動延續計算，但需要補足不足的訓練時數

D.重新計算，時數只需要符合12小時要求

解答：A

6. 壽險業務員從事保險招攬時，不得有哪一項的行為？

A.贈送禮券

B.採現金繳納保費時，給予利息補貼

C.退佣

D.以上皆是

解答：D

7. 壽險業務員從事保險招攬時，不得有哪一項的行為？

　　A.與定存利率不當比較

　　B.勸誘客戶辦理保單貸款或貸款後投保壽險

　　C.強迫客戶投保房貸壽險及醫療險

　　D.以上皆是

解答：D

8. 人身保險商品的哪一項給付，可以免納所得稅？

　　A.身故保險金

　　B.醫療保險金

　　C.失能保險金

　　D.以上皆是

解答：D

9. 依據遺贈稅法，配偶及祖父母的扣除額各為多少？

A.493萬；493萬

B.493萬；50萬

C.50萬；493萬

D.1200萬；220萬

解答：B

10. 若壽險契約身故受益人指定為法定繼承人；而且被保險人身故時,僅遺留配偶及兒子女兒各1人,共計3人，請問依據民法規範，3人應繼分如何計算？

A.各1/3

B.配偶1/2；子女1/2

C.配偶2/3；子女1/3

D.配偶1/4；子女3/4

解答：A

第八章　模擬考題與解析

第一節　壽險業務員考試範圍考題及解析(選擇)

第二節　壽險代理人壽險實務專屬範圍考題與解析(選擇/問答)

第八章　模擬考題與解析

第一節 壽險業務員考試範圍考題及解析(選擇)

1. (　　)下列有關健康保險的敘述，何者錯誤？
   A. 健康保險主要彌補因疾病或傷害導致的收入損失或醫療相關支出
   B. 符合「長期照顧狀態」之認知功能障礙，係指6項日常生活自理能力持續存有3項（含）以上的障礙
   C. 防癌健康保險商品的銷售方式，可單獨出單或附約方式出單
   D. 目前外溢效果的保險商品設計，有實物給付型及非實物給付型

2. (　　)現階段微型保險的保障對象為何？
   ①身心障礙者本人 ②身心障礙者配偶 ③身心障礙者直系血親或家屬 ④身心障礙者姻親
   A. 1,4
   B. 2,3
   C. 1,2,3
   D. 1,2,3,4

1.解答：B
● B 非屬於認知功能障礙，而是屬於生活自理障礙。
2.解答：C
● 姻親範圍較遠，並不見得屬於身心障礙或低收入戶。

3. ( )我國旅行平安保險附加意外傷害醫療保險，在醫療給付方面除以實支實付為限之外，保險金額的最高限制規定為何？
   A. 最高以保險金額的1/10為限
   B. 最高以保險金額的1/5為限
   C. 最高以保險金額的1/3為限
   D. 最高以保險金額的1/2為限

4. ( )下列有關傳統型人壽保險費率釐訂因素的觀念，何者錯誤？
   A. 人壽保險費主要根據預定死亡率、預定利率、預定費用率計算
   B. 預定死亡率愈高，保費愈貴
   C. 預定利率愈高，保費愈貴
   D. 預定費用率愈高，保費愈貴

3.解答：A
- 10%為限，投保時也可以自行調降。

4.解答：C
- 預定利率愈高，保費愈便宜；因為壽險公司支付給保戶的利息變多，扣掉利息後的保費降低。

5. ( )有關人壽保險「責任準備金」與「保單價值準備金」的敘述，何者錯誤？
   A. 責任準備金採原保單保費計算基礎較低的預定利率、較高的預定死亡率計提
   B. 保單價值準備金採原保單計算基礎的預定利率、預定死亡率計提
   C. 責任準備金應採穩健的計提方式、保單價值準備金應確實反映保單價值
   D. 同一張保單，責任準備金計提金額低於保單價值準備金

6. ( )保單紅利的支付方法依保單條款會有下列幾種方式，何者錯誤？
   A. 積存方式(儲存生息)
   B. 購買展期定期保險增加保險金額
   C. 抵繳保費
   D. 現金支付

5.解答：D
● 責任準備金提存基礎比保單價值準備金還保守，它依照更低的利率及更高的死亡率，因此責任準備金金額≧保單價值準備金。

6.解答：B
● 應該為增額繳清保險；展期定期保險模式將改變商品型態為定期險。

7. (　　)下列有關利率變動型年金保險在年金累積期間責任準備金的提存方式，何者正確？
　　A.　採年金保單價值準備金全額提存為原則
　　B.　採年金保單價值準備金部分提存為原則
　　C.　採平衡準備金制計提為原則
　　D.　採1年定期修正制計提為原則

8. (　　)下列對於身心障礙者投保人壽保險作業的敘述，何者正確？①業務員對嚴重身心障礙者的要保，為避免日後理賠認定的爭議，應口頭拒絕受理投保 ②對肢體障礙者，宜比照一般核保規則辦理 ③對心智障礙者，應參考險種的特性及公司核保相關考量因素，以核定適當之承保條件 ④對尚未撤銷受監護宣告的被保險人，其身故應以喪葬費用給付
　　A.　①②③
　　B.　③④
　　C.　①③④
　　D.　②③④

7.解答：A
● 利率變動型年金保險累積期間的準備金提存金額就是年金保單價值準備金(包含利率累積部分)；傳統型年金才是平衡準備金提存制。

8.解答：D
● 當然不得歧視身心障礙人士投保

9.　(　　)保險業以集體投保方式辦理微型保險者，代理要
保人洽訂微型保險契約的代理投保單位，除應具有法人
的人格外，並應至少成立多久為限？
　　A.　沒有限制
　　B.　1年以上
　　C.　2年以上
　　D.　3年以上

10.　(　　)下列有關傳統型小額終老終身人壽保險的費率敘
述，何者正確？
　　A.　預定危險發生率採用臺灣壽險業第五回經驗生命
　　　　表各年齡80%
　　B.　預定利率為年息2.25%
　　C.　預定附加費用率不得超過總保險費之15%
　　D.　投保後2個保單年度內被保險人身故時，身故保險
　　　　金以「已繳保險費總和」之1.025倍金額給付

9.解答：C
10.解答：B
● 　100%生命表、2.25%利率、費用率為10%、前3年1.025
倍所繳保費給付
● 　109年起預定利率已調降為2%。

11. （　　）對於符合約定健康管理條件的人壽保險商品，保
　　　險公司可提供那些健康管理的回饋機制？①提供現金
　　　給付　②提高保險金額給付　③提供保單紅利給付　④提
　　　供健康檢查之實物給付
　　　A.　①②③
　　　B.　①②④
　　　C.　①③④
　　　D.　②③④

12. （　　）實物給付型保險商品之受益人為被保險人本人的
　　　給付種類有那些？①殯葬服務　②護理服務　③老年安
　　　養服務　④長期照顧服務
　　　A.　①②③
　　　B.　①②④
　　　C.　①③④
　　　D.　②③④

11.解答：B
● 　約定健康管理條件的壽險多為不分紅保單；分紅保單之
　　分紅來源為多收保費之返還
12.解答：D
● 　實務給付對象以被保險人生存為限，所以不含殯葬服務
　　(身故)。

13. (　　)人壽保險中，老年人較年輕人支付相對較高的費率，稱為：
    A. 社會公平
    B. 法律公平
    C. 精算公平
    D. 選擇公平

14. (　　)壽險契約分期繳納的第二期以後的分期保險費，年繳、半年繳者，其寬限期的起算日為：
    A. 自催告到達日起
    B. 自催告到達翌日起
    C. 自保險單所載交付日期當日起
    D. 自保險單所載交付日期之翌日起

13.解答：C
● 大數法則下，較高的發生機率、需繳納較高保費的統計精算原理。

14.解答：B
● 依據示範條款年繳半年繳以催告翌日起計算寬限期；現金繳費的月繳或季繳則依應繳日起算。

15. (　　)下列有關受益人變更的敘述，何者錯誤？
    A. 要保人可放棄任意變更受益人的權利
    B. 失能保險金的受益人，為被保險人本人，保險公司不受理其指定或變更
    C. 受益人變更的申請文件於向保險公司寄出時即生效力
    D. 受益人變更時，若要保人、被保險人不為同一人，除要保人檢具申請書外，尚須被保險人的同意書

16. (　　)小蔡今年 40 歲，購買投資型保險商品，依現行法令的規定，下列敘述何者錯誤？
    A. 死亡給付對保單帳戶價值之最低比率不得低於 115%
    B. 要保人於要保及每次繳納保費時皆須重新計算並符合最低比率規定
    C. 投資風險由要保人自行承擔
    D. 保險公司須充分揭露商品之各項費用

15.解答：C
● 受益人變更只需要要保人填寫契約變更申請書(文件備齊)送達保險公司後就生效；並非寄出就生效。

16.解答：A
● 109/6/30前，40歲以下(包含40歲)之最低危險保額比率為130%、41歲才是115%。
● 109/7/1起，40歲的最低比率改變成160%。

17. (　　)下列有關終身壽險的敘述，何者錯誤？
    A. 終生繳費之終身壽險較其他限定繳費期間的終身壽險而言，每期保費最便宜
    B. 限期繳費期間越短的終身壽險，因保費越高儲蓄成分越重，因此責任準備金的累積也就越快
    C. 若想妥善安排遺產稅，選擇終身壽險為佳
    D. 無論被保險人於何時身故，終身壽險皆會給付保險金，因此被保險人若活到壽險經驗生命表的最高年齡時，仍將無法獲得任何給付

18. (　　)保險業從事保險招攬之業務人員應確實執行保險商品適合度政策，其內容應包含：
①要保人已確實了解其所繳交保險費係用以購買保險商品
②要保人投保險種、保險金額及保險費支出與其實際需求具相當性
③要保人如係投保外幣收付之保險商品，應了解要保人對利率風險之承受能力
④要保人如係投保投資型保險商品，應考量要保人之投資屬性、風險承受能力，並確定要保人已確實了解投資型保險之投資損益係由其自行承擔，且不得提供逾越要保人財力狀況或不合適之商品
    A. 1,3,4　　B. 2,3　　C. 3,4　　D. 1,2,4

17.解答：D；活到110歲時壽險公司仍會給付保險金給受益人，只是更改名稱為祝壽保險金或其他非身故名稱。

18. 解答：D
● 要保人如係投保外幣收付之保險商品，應了解要保人對**匯**率風險之承受能力。

19. ( )人壽保險要保人因投保年齡的錯誤,導致短繳保
險費,保險公司在保險事故發生時才察覺且錯誤發生在
要保人者,則下列敘述何者正確?
A. 保險公司仍給付原約定之保險金額
B. 契約終止
C. 契約無效
D. 保險公司得按原繳保費與應繳保險費的比例計算
保險金額

20. ( )下列對於分紅保單之敘述,何者正確?
A. 分配給保戶之比例不得低於盈餘的30%
B. 分紅保單的紅利來源包括死差益、利差益及費差益
C. 保戶保證可以獲得紅利分配
D. 分紅保單的預定利率比不分紅保單高

19.解答:D;依保費比例計算保額。

20.解答:B

● 分紅金額並非保證,至少分配給保戶70%、分紅保單預
定利率較低。

21. (　　)張良曾於10年前投保終身壽險200萬元,後因故致該保險於去年10月停效,今年3月完成復效,於兩個月後自殺身故,下列保險公司的賠償何者正確?
A. 僅返還保單價值準備金
B. 完全不給付
C. 退還所繳保費
D. 理賠死亡保險金額

22. (　　)下列敘述何者正確?
A. 淨危險保額為保費扣除保單價值準備金的差額
B. 壽險保單責任準備金提存金額通常較保單價值準備金來得低
C. 壽險保單解約金為保單價值準備金扣除解約費用
D. 壽險公司依照較高的預定利率及較低的預定死亡率計算保單責任準備金

21.解答:A
● 停效後辦理復效,必須重新計算二年後才賠。保價金返還予應得之人。

22.解答:C
● 解約金=保價金-解約費用;淨危險保額=身故給付-保價金

23. (　　　)下列何種生命表所編製的死亡率最高？
    A. 選擇生命表
    B. 終極生命表
    C. 綜合生命表
    D. 國民生命表

24. (　　　)甲為要保人，以乙為被保險人投保壽險100萬元，丙、丁同為受益人，丁故意致乙於死，則丙可領取保險給付若干？
    A. 50 萬元
    B. 100 萬元
    C. 保單價值準備金
    D. 無領取保險金之權利

23.解答：D
● 國民生命表沒有經過壽險公司的核保(危險選擇)，所以死亡率最高。

24.解答：B
● 故意殺害他人的受益人，不能領取保險金，所以全部給其他受益人領取。

25. (   )對於健康保險的敘述，下列何者正確？
    A. 生命末期提前給付須經醫師診斷其生命所剩不足6個月時
    B. 終身醫療給付可分為實支實付和定額給付
    C. 住院醫療保險示範條款對於同一次住院天數的計算以同一疾病住院二次間隔21天內視為一次住院
    D. 健康保險以被保險人的職業來決定費率

26. (   )住院醫療費用保險單示範條款規定，對於續約條件採用下列何種續保條款？
    A. 保證續保契約
    B. 條件續保契約
    C. 可解除契約
    D. 不可解除契約

27. (   )傷害保險契約之被保險人若為精神障礙或其他心智缺陷而受監護宣告者，其喪葬費用金額最高以下列何者為限？
    A. 100 萬元
    B. 200 萬元
    C. 300 萬元
    D. 61.5 萬元

25.解答：A
● 同一次住院:14天內;健康保險並非依照職業決定費率;國內終身醫療險絕大部分為日額給付模式。
26.解答：A
● 一年期壽險業醫療險示範條款採保證續保。
27.解答：D   123/2=61.5。

28. (　　)小華向保險公司投保終身壽險200萬元及傷害保險500萬元，後來因酗酒（超過標準酒精濃度時）駕車不慎肇事致死，則保險公司須理賠多少金額？
    A. 全部理賠
    B. 全部不予理賠
    C. 只給付傷害保險給付500萬元
    D. 只給付死亡保險給付200萬元

29. (　　)傷害保險之被保險人職業變更時，其規定下列敘述何者錯誤？
    A. 若危險增加，未依約定通知保險公司而發生保險事故時，保險公司按其原收保險費與應收保險費的比率折算保險給付
    B. 若危險減少，保險公司於接到通知後，自變更日起按其差額比率退還未滿期保險費
    C. 要保人或被保險人若未書面通知，則保險公司不負理賠責任
    D. 所變更之職業在拒保範圍內時，保險公司可終止契約

28.解答：D
● 酒駕身故終身壽險仍會賠，但傷害險不賠(除外事項)。
29.解答：C

30. (　　) 小明投保100萬元的傷害保險，後來因意外導致一下肢足踝關節缺失而領取50萬元的失能保險金，又於保險契約有效期間內發生意外事故致死，則小明可以再領取多少保險金？
   A.　100 萬元
   B.　150 萬元
   C.　50 萬元
   D.　不予理賠

31. (　　) 年金保險契約訂定後，須經過一定年數累積繳費期間或被保險人達到特定年齡後，保險公司才開始給付之年金保險稱之為：
   A.　即期年金保險
   B.　遞延年金保險
   C.　連生年金保險
   D.　變額年金保險

30.解答：A；屬於不同事故及不同給付項目，所以個別理賠。
31.解答：B

32. (　　)下列對於年金保險給付期間之敘述，何者正確？
　　A.　年金給付期間，要保人不得終止契約
　　B.　年金給付期間可以保單貸款
　　C.　年金給付期間被保險人身故，保險公司退還已繳保費或保單價值準備金
　　D.　年金給付期間乃指被保險人不論生存與否，保險公司保證給付年金的期間

33. (　　)有關年金保險敘述，下列何者錯誤？
　　A.　被保險人在年金累積期間身故，壽險公司須返還保單價值準備金
　　B.　年金保險在年金累積期間內不可以辦理部分解約
　　C.　年金保險若含有「保證金額」，於被保險人身故時仍有未支領之年金餘額時，保險公司應將餘額給付給身故受益人
　　D.　利率變動型年金保險在年金累積期間，保險公司依宣告利率計算保單價值準備金

34. (　　)保險公司對於有意投保之潛在客戶必須進行篩選，此種篩選過程在保險學理上稱為：
　　A.　再保
　　B.　甄選
　　C.　承銷
　　D.　核保

32.解答：A；累積期間才可以貸款或解約。
33.解答：B；累積期間可貸款或解約。
34.解答：D；核保又稱危險選擇

35. ( )壽險公司在承保新契約時,關於契約選擇的程序,可分三個階段實施。請問業務員擔任的選擇是那一階段?
    A. 第一次危險選擇
    B. 第二次危險選擇
    C. 第三次危險選擇
    D. 第四次危險選擇

36. ( )保險事故發生後,要保人負有下列何項義務?
    A. 損失支付義務
    B. 損失通知義務
    C. 損失調查義務
    D. 損失估計義務

37. ( )保險公司應於收齊傷害保險契約申請文件後,不得高於幾日內給付之?逾期保險公司應按年利一分加計利息給付。但逾期事由不可歸責於保險公司者,不在此限。
    A. 三日
    B. 五日
    C. 十日
    D. 十五日

35.解答:A
36.解答:B
37.解答:D

38. ( )保險公司因要保人違反據實說明義務而行使解除權後：
    A. 應退還要保人所繳保險費
    B. 無須退還保險費
    C. 退還保單價值準備金
    D. 應退還被保險人保險費

39. ( )保險契約撤銷權的行使，為要保人收到保單之翌日起幾日內，得以書面檢同保險單向保險公司撤銷契約？
    A. 10 日
    B. 15 日
    C. 20 日
    D. 30 日

40. ( )因債權、債務關係而訂立人壽保險契約，其要保人應為何人？
    A. 債權人
    B. 債務人
    C. 受讓人
    D. 繼承人

38.解答：B
39.解答：A
40.解答：A；因為被保險人(債務人)走了、就沒人付錢了。

41. (　　　)被保險人於契約規定年限內死亡或屆契約規定年限內而生存時,保險人均須給付保險金,此種壽險商品稱之為:
    A.　生死合險
    B.　連生保險
    C.　終身壽險
    D.　信用保險

42. (　　　)保險人償付人壽保險解約金予要保人後,保險契約效力如何?
    A.　失效
    B.　終止
    C.　解除
    D.　無效

43. (　　　)在終身保險契約訂立時,一次繳納全部保險費的保險稱為:
    A.　繳清保險
    B.　躉繳終身保險
    C.　終身繳費終身保險
    D.　限期繳費終身保險

41.解答:A
42.解答:B
43.解答:B

44. （　　）有關微型保險的說明，下列何者錯誤？
    A. 保障對象包括身心障礙者
    B. 通常具有免體檢、保費便宜的好處
    C. 累計投保金額有上限
    D. 保險種類僅限一年期壽險

45. （　　）定期壽險之保險費，依各年齡之實際死亡率而遞增，稱之為：
    A. 彈性保費
    B. 平準保費
    C. 蔓繳保費
    D. 自然保費

46. （　　）要保人有為隱匿或遺漏不為說明，或為不實之說明，足以變更或減少保險人對於危險之估計者，保險人得：
    A. 終止契約；其危險發生後不可終止
    B. 解除契約；其危險發生後不可解除
    C. 終止契約；其危險發生後亦同
    D. 解除契約；其危險發生後亦同

44.解答：D；定期壽險50萬。
45.解答：D
46.解答：D；保險法64條

47. (　　)要保人繳納人壽保險契約之保險費於累積有保單價值準備金時，要保人得以當時保單價值準備金扣除營業費用後之數額以一次交付保險費，改投保保額較低之同類保險稱為：
    A. 展期保險
    B. 減額繳清保險
    C. 變額保險
    D. 定期保險

48. (　　)壽險契約第二期以後的分期保險費，月繳、季繳者，自保險單所載交付日期之翌日起，有不得低於幾天的寬限期？
    A. 十天
    B. 十五天
    C. 五天
    D. 三十天

49. (　　)要保人違反告知義務之解除權，保險人於契約訂立後，經過多少時間，即不得解除契約？
    A. 一個月
    B. 六個月
    C. 一年
    D. 兩年

47.解答：B
48.解答：D
49.解答：D；保險法64條必考。

50. (　　)108年度我國個人健康保險與傷害保險初年度保費收入來源，以各個通路業績高低比較，下列何者正確？
    A. 壽險公司＞傳統經代保代＞金融機構經代保代
    B. 壽險公司＞金融機構經代保代＞傳統經代保代
    C. 金融機構經代保代＞壽險公司＞傳統經代保代
    D. 傳統經代保代＞金融機構經代保代＞壽險公司

51. (　　)有關小額終老保險的說明，下列何者錯誤？
    A. 原則以承保單一保險事故（死亡）為限
    B. 乃因應未來人口老化及少子化趨勢
    C. 被保險人有身分上的限制
    D. 傳統型終身壽險主契約的附加費用率不得逾10%

52. (　　)業務員如有未經當事人同意或授權，即代其在要保書上簽章者，一經發現，其所屬保險公司應視情節輕重：
    A. 予以記過處分
    B. 予以申誡
    C. 予以罰金
    D. 予以三個月以上一年以下，停止招攬行為或撤銷其業務員登錄之處分

50.解答：A
51.解答：C；任何人皆可投保；微型保單才有限制身分。
52.解答：D

53. (　　)有關實物給付型保險的說明，下列何者錯誤？
    A.　被保險人生存時，實物給付之受益人以被保險人本人為限
    B.　實物給付項目可以是長期照顧服務
    C.　實物給付項目可以是提供健康檢查
    D.　得以現金給付方式受領保險給付

54. (　　)下列何者不屬於健康保險？
    ①長期照護保險
    ②牙齒保險
    ③失能保險
    ④旅行平安保險
    A.　僅④
    B.　③④
    C.　②③
    D.　全部都是健康保險

53.解答：D
54.解答：A，旅平險屬於傷害保險

55. (　　)父母（要保人）投保人身保險契約並以其未成年
    子女為保險金（假設300萬元）受益人，相關課稅問題，
    下列何者錯誤？
    A.　人壽保險身故保險金不課徵遺產稅
    B.　人壽保險生存保險金不課徵贈與稅
    C.　年金保險死後年金不課徵遺產稅
    D.　傷害保險身故保險金不課徵遺產稅

56. (　　)下列何種保險金受益人僅限被保險人本人？①祝
    壽保險金 ②失能保險金 ③重大疾病保險金 ④生存保
    險金
    A.　①②
    B.　②③
    C.　③
    D.　全部都是

57. (　　)有關利率變動型年金保險的說明，下列何者正
    確？
    A.　年金給付期間，預定利率不得低於年金給付開始日
    　　當月之宣告利率
    B.　年金給付期間，要保人得以保險契約為質，向保險
    　　公司借款
    C.　年金累積期間，保險公司依據要保人交付保險費，
    　　減去附加費用後，依預定利率計算保單價值準備金
    D.　甲型：年金給付開始時，以當時之年齡、預定利率
    　　及年金生命表換算定額年金

55.解答：B　　56.解答：B　　57.解答：D

58. (　)有關利率變動型年金保險與變額年金保險的說明，下列何者錯誤？
　　A.　變額年金保險有分離帳戶，利率變動型年金保險則有區隔帳戶
　　B.　分離帳戶跟區隔帳戶都是為了使保戶能直接分享投資績效，而且不受保險公司一般債權人之求償追索
　　C.　利率變動型年金保險甲型不得以即期年金方式辦理，乙型得以即期年金方式辦理
　　D.　變額年金保險的投資風險由保戶承擔，利率變動型年金保險的投資風險由保險公司承擔

59. (　)營利事業負擔保費為員工投保之團體壽險，以營利事業或被保險員工及其家屬為受益人者，依營利事業所得稅查核準則規定，下列何者錯誤？
　　A.　保險費每人每月在2,000元以內，不得認列為企業經營費用，免視為被保險員工之薪資所得
　　B.　每人每月保費如超過2,000元，超出部分認定為員工補助費，企業應轉列為員工之薪資所得
　　C.　營利事業投保後，中途退保或提前解約取得的解約金，解約金列為當年度其他收入申報
　　D.　企業如果把解約金分發給員工，員工取得解約金，也應依法申報課徵個人綜合所得稅

58.解答：B；只有分離帳戶才能直接分享投資績效。
59.解答：A

60. (　　)進行人身保險核保時，若被保險人年紀越大、身體狀況越差、危險率愈高者，投保意願越大；反之，越年輕、身體越好者，投保意願越低。稱為：
    A. 道德危險
    B. 大數法則
    C. 逆選擇
    D. 可保性

61. (　　)依保險法第116 條規定，人壽保險之要保人在保單停效多久內申請復效，並補繳保費、利息及其他費用後，無需提供可保性證明即可恢復效力？
    A. 6 個月
    B. 9 個月
    C. 1 年
    D. 2 年

62. (　　)有關傷害保險承保內容的說明，下列何者正確？
    A. 主要承保疾病及非疾病引起的突發事故
    B. 保費依年齡、性別及職業等級等共同決定
    C. 目前之意外失能程度共分為11級79項
    D. 旅行傷害險之保險期間一般以一年為限

60.解答：C；保戶選擇對自己有利的保險商品。

61.解答：A

62.解答：C，109年起傷害險失能等級改為11級80項；
　　　　　旅平險期間最長180天

63. (　　)目前長期照顧保險單示範條款中,對於「長期照顧狀態」之定義,下列何者正確?
　　A.　「長期照顧狀態」係指被保險人經保險公司判定,符合生理功能障礙或認知功能障礙二項情形之一者
　　B.　生理功能障礙,指專科醫師依巴氏量表判定其進食、移位、如廁、沐浴、平地行動及更衣等六項中有三項(含)以上之障礙
　　C.　認知功能障礙,指專科醫師判定持續失智狀態並有分辨上的障礙,且依臨床失智量表評估達低度(含)以上者
　　D.　分辨上的障礙,指專科醫師在被保險人意識不清的情況下,判定有時間、場所、人物的分辨障礙中之二項(含)以上者

64. (　　)有關利率變動型年金與變額年金之說明,下列何者正確?
　　A.　利率變動型年金與變額年金都採分離帳戶
　　B.　利率變動型年金在年金累積期間,保險公司依國內主要銀行定存利率加減碼作為預定利率
　　C.　變額年金在年金累積期間,保險公司並不提供保證利率
　　D.　利率變動型年金與變額年金之利率風險皆由保戶自行承擔

63.解答:B;專科醫生認定;失智量表中度以上;認知障礙、而非分辨障礙
64.解答:C;利變年金未採分離帳戶、風險由保險公司承擔。

65. (　　)保險法第107條規定，未滿15歲之未成年人為被保險人訂立之人身保險契約，下列何者錯誤？
    A. 死亡給付於被保險人滿15歲之日起發生效力
    B. 被保險人滿15歲前死亡者，保險人得加計利息退還所繳保險費
    C. 被保險人滿15歲前死亡者，保險人得返還投資型保險專設帳簿之帳戶價值
    D. 除喪葬費用之給付外，其餘死亡給付部分無效

66. (　　)目前傷害保險單示範條款中對於理賠之規定，下列何者錯誤？
    A. 被保險人遭受意外傷害事故，自事故發生之日起180日以內死亡者，保險公司按保險金額給付身故保險金
    B. 超過180日死亡者，受益人若能證明被保險人之死亡與該意外傷害事故具有因果關係者，保險公司仍給付
    C. 被保險人因同一意外傷害事故致成二項以上失能程度時，保險公司給付較嚴重項目的失能保險金
    D. 不同失能項目屬於同一手或同一足時，保險公司僅給付一項失能保險金

65.解答：D　監護宣告才稱為喪葬費用給付。
66.解答：C；同一事故，可加計兩者給付；同一部位則僅給付較嚴重項目。

67. （　　）有關分紅保單的特性，下列何者錯誤？
    A. 分紅保單是指投保人有機會分享到保險公司經營該張保單所產生的利潤
    B. 每年依可分配紅利盈餘分配給要保人，其比例不得高於70%
    C. 分紅保單的保費計算較保守，因此一般較不分紅保單為貴
    D. 分紅保單之分紅，保戶得選擇儲存生息、購買增額繳清保險、抵繳保費及現金支付等方法

68. （　　）依利率變動型年金保險費率相關規範，對於利率變動型年金保險之說明，下列何者錯誤？
    A. 年金累積期間，保險公司依據要保人交付之保險費，減去附加費用後，依宣告利率計算年金保單價值準備金
    B. 年金給付開始時，依年金保單價值準備金計算解約金
    C. 甲型：年金給付開始時，以當時之年齡、預定利率及年金生命表換算定額年金
    D. 乙型：年金給付開始時，以當時之年齡、預定利率、宣告利率及年金生命表計算第一年年金金額，第二年以後以宣告利率及上述之預定利率調整各年度之年金金額

67.解答：B；不得低於70%，所以可以為80%
68.解答：B；無解約金

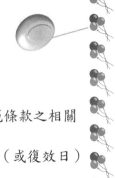

69. (　　)健康保險中住院醫療費用保險單示範條款之相關規定，下列何者錯誤？
   A. 「疾病」係指被保險人自本契約生效日（或復效日）起所發生之疾病
   B. 被保險人非法施用防制毒品相關法令所稱之毒品，所致之疾病而住院診療者，保險公司不負給付保險金的責任
   C. 要保人、被保險人或受益人應於知悉保險公司應負保險責任之事故後○○日（不得少於5日）內通知保險公司
   D. 若為保證續保契約，在續保時保險公司仍得按個別被保險人之身體狀況調整保險費

70. (　　)目前我國有關微型保險商品的規定，下列何者正確？
   A. 承保之經濟弱勢者範圍中，有一項為夫妻二人全年綜合所得在新臺幣100萬元以下家庭之家庭成員
   B. 附加費用率上限為總保費之30%
   C. 可採取個人保險、集體投保或團體保險方式為之
   D. 個別被保險人累計投保微型保險之保險金額不得超過50萬元

69.解答：D；不得依個別體況增加保費
70.解答：D；保額可為50萬元；不得為團體保險方式。

71. (　　)人身保險商品的責任準備金在保險公司的會計性
質上，屬於保險公司的何種性質？
A. 負債
B. 資產
C. 業主權益
D. 未實現收益

72. (　　)對於年金保險與人壽保險主要差異的敘述，下列
何者正確？
A. 均是利他行為的表現
B. 均以生命表為保費擬訂的基礎
C. 均出於多數人共同分攤損失的觀念
D. 均能在契約有效期間內，隨時終止契約

73. (　　)老年生活三層次保障中第一層為社會年金保險，
有關我國國民年金保險之敘述，下列何者正確？
A. 保險對象為年滿20歲～65歲，未參加軍、公教、勞
保，且未曾領取相關社會保險老年給付者
B. 年金給付包括老年年金、失能年金及遺屬年金三種
C. 國民年金保險給付與勞保年金給付，不可同時請領
D. 年金給付自得請領之日起5年不行使而消滅

71.解答：A
72.解答：C；年金險為利己(退休金)。
73.解答：D；
國民年金承保對象為25歲~65歲才對;國民年金無失能年金、

只有身心障礙年金才對。

74. (　　)我國現行法令規定以外幣收付之非投資型人身保
　　　險的險種有那些？
　　　①人壽保險　②年金保險　③健康保險　④傷害保險
　　　A. 1,2
　　　B.1,2,3
　　　C. 1
　　　D. 4

75. (　　)保險公司收齊受益人申請理賠之文件後，因理賠
　　　需要進行保險事故調查作業而無法在約定期間內完成
　　　保險金的給付，則保險公司應加付多少延滯利息？
　　　A.　年息一厘
　　　B.　年息五厘
　　　C.　年息一分
　　　D.　年息五分

74.解答：B
75.解答：C

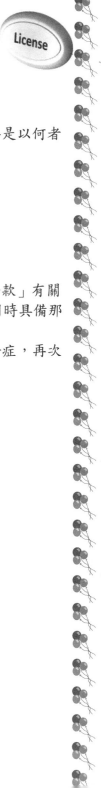

76. (　　)目前我國優體壽險的死亡率風險，主要是以何者為分類基礎？
A. 健康狀況
B. 生活方式
C. 家族病史
D. 吸菸經驗

77. (　　)我國現行「住院醫療費用保險單示範條款」有關住院次數的計算，其中所謂「一次住院」應同時具備那些要件？
1.出院後因同一疾病或傷害或因此引起之併發症，再次住院
2.出院後於14日內，再次住院
3.出院後再次住院，須經過急診留院的觀察
4.出院後，再次入住同一家醫院

A. 1,2
B.1,2,4
C. 1,3
D. 4

76.解答：D
77.解答：B

78. (　　)依據現行「人身保險要保書示範內容及應注意事項」的規定，下列何者不屬於人壽保險要保書的告知事項？
    A. 職業與兼業
    B. 身高與體重
    C. 商業實支實付型醫療保險投保史
    D. 過去5年內受傷或生病住院治療7日以上之病史

79. (　　)受益人意圖獲取保險金而殺害被保險人，屬於哪一種風險？
    A. 實質風險
    B. 道德風險
    C. 心理風險
    D. 無形風險

80. (　　)下列何者是風險事故發生時的風險管理方法？
    A. 損失抑制
    B. 避免前往疫區
    C. 配戴口罩
    D. 投保保險

78.解答：C；醫療險才填寫。
79.解答：B
80.解答：A

81. (　　　)下列何者是風險事故發生前的風險管理方法？
　　A.　損失抑制
　　B.　風險自留
　　C.　投保保險
　　D.　以上皆是

82. (　　　)小王購買一張終身壽險保單，其繳納保費方式按年繳平準保費，此繳費方式是：
　　A.　每年的保費固定不變
　　B.　每年的保費遞增
　　C.　每年的保費遞減
　　D.　保費有時增加、有時減少

83. (　　　)死亡率之計算公式為下列何者？
　　A.　年底死亡人數/年底生存人數
　　B.　年度內死亡人數/年度初生存人數
　　C.　年度內死亡人數/年底生存人數
　　D.　年初死亡人數/年度初生存人數

81.解答：C
82.解答：A
83.解答：B

84. (　　)隨著平均壽命的不斷延長,壽險業務員為客戶安排保險時,需考慮那些保障項目:
    A. 遺族生活費用
    B. 老年退休生活費用
    C. 喪葬費用
    D. 以上皆是

85. (　　)客戶投保二十年期定期壽險,保險金額50萬元,期間屆滿若被保險人生存時,應給付多少元給受益人?
    A. 50 萬元
    B. 0 萬元
    C. 15 萬元
    D. 退還保單價值準備金

86. (　　)傷害保險之理賠項目包含以下何者?
    A. 因為罹患癌症身故
    B. 因為意外傷害身故
    C. 自殺身故
    D. 酒駕車禍身故

84.解答:D
85.解答:B
86.解答:B

87. (　　)遞延年金保險商品，在遞延期間內，要保人不得
辦理以下何項業務？
A. 保單借款
B. 解約
C. 解除
D. 部分終止

88. (　　)遞延年金保險商品，在年金給付期間內，要保人
不得辦理以下何項業務？
A. 保單借款
B. 解約
C. 部分終止
D. 以上皆是

89. (　　)如果終身保險商品的保險費需要持續繳納到被保
險人身故，稱為哪一種繳費模式的終身壽險？
A. 限期繳費終身壽險
B. 終身繳費終身壽險
C. 永久終身壽險
D. 萬能終身壽險

87.解答：C；保險公司才會解除；保戶為解約。
88.解答：D
89.解答：B

90. (　　)比較健康與傷害保險，下列敘述何者為非？
　　A.健康險的承保範圍較大
　　B.健康險所需考量的核保面向較廣
　　C.健康保險示範條款的除外部分較多
　　D.傷害險契約有等待期間的規定，而健康險則無

91. (　　)下列「重大疾病保險」敘述何者有誤？
　　A.保險事故包含癌症　B.可以附約方式投保　C.不可
　　以主約方式投保　D.以主管機關核定七項重大疾病為
　　主要內容

92. (　　)健康保險常見的保險商品不包含
　　A.醫療費用保險　B.終身壽險　C.失能所得保險　D.重大
　　疾病保險

90.解答：D
● 　健康險承保範圍包含疾病與意外所致之醫療保險事故
　且健康險訂有等待期間，諸如 30 天，傷害險契約則無
　所謂等待期間。

91.解答：C
● 　重大疾病保險當發生重大疾病時，可以立即給付重大疾
　病保險金，而且重大疾病保險商品可為主約或附約型
　態。

92.解答：B
● 　終身壽險屬於人壽保險；重大疾病保險屬於醫療保險與
　人壽保險二者的綜合險。

93. (　　)以下敘述何者有誤？
A.終身生死合險提供終身之死亡保障
B.終身還本壽險可用於子女教育基金或退休養老儲蓄
C.定期壽險無現金價值
D.遞減定期壽險適合未來有房屋貸款的保戶

94. (　　)小李現年25歲，剛找到一份工作，月薪3.1萬元，並準備結婚。請問小李適合的保單為？
A.生死合險　B.定期保險　C.終身保險　D.年金保險。

95. (　　)下列何者為一種集合多數個人或經濟單位，根據合理的計算，共同集資，以作為對特定風險事故發生所導致損失的補償制度？
A.民間互助會　B.信託　C.保險　D.國家基金

93.解答：C
● 還本終身保險也屬於生死合險，生死合險不單純包含定期養老保險。
● 定期壽險也有現金價值，只是金額相對低。
94.解答：B
● 定期險保障高、保費低，適合收入偏低且支出比重高的社會新鮮人或準備結婚新人投保。
95.解答：C
● 可參見保險法第一條。

96. ( )張先生為自己投保新台幣100萬元保額的定期壽險，若其在契約有效期間內因意外事故而致十足趾缺失，則可獲得的失能保險金為新台幣多少元？
    A.無給付
    B. 10萬元
    C. 50萬元
    D. 100萬元

97. ( )有關人壽保險之敘述，下列何者錯誤？
    A.生存保險之被保險人於契約有效期間內死亡，無保險給付
    B.可能有定期或終身
    C.定期壽險於保險期間若無保險事故發生，壽險公司不需理賠，惟應退還所繳保險費
    D.生死合險又稱養老保險

96.解答：A
● 全部失能時，定期壽險才能給付；部分失能，定期壽險並無給付；傷害保險才有部分失能保險金之給付項目。
97.解答：C
● 定期壽險期滿契約消滅，不需退還任何保險費。

98. (　　)國內重大疾病保險所保障的疾病項目，不包括下列何者？A.癌症 B.心肌梗塞 C.老年癡呆症 D.末期腎病變

99. (　　)要保人向保險人為保險之要約時，通常須提出 A.要保書 B.續保通知 C.批改申請書 D.索賠函。

100. (　　)計算一年期健康保險費率的因素與人壽保險費率因素比較，下面哪一項因素對前者比較不重要？ A.罹患率 B.費用率 C.利率 D.持續率

98.解答：C
● 老年癡呆症非七項重大疾病之列，但未來可能成為重要給付疾病。

99.解答：A
● 新契約要約，通常提出要保書。

100.解答：C
● 相對上，尤其對於一年期健康險而言，利率對於費率之影響明顯較不重要。

101. (　　)人壽保險保費計算基礎三種因素為
　　A.預定死亡率、預定職業類別費率、預定利率
　　B.預定死亡率、預定利率、預定營業費用率
　　C.預定獲益率、預定利率、預定營業費用率
　　D.預定營業費用率、預定死亡率、預定職業類別費率

102. (　　)保險契約有疑義時，應作有利於何人的解釋為準
　　A.被保險人
　　B.受益人
　　C.保險人
　　D.以上皆非

103. (　　)依保險法第 64 條規定，保險人得解除契約須具
　　備的要件有
　　A.要保人故意隱匿或過失遺漏，或為不實之說明
　　B.須足以變更或減少保險人對於危險之估計
　　C.要保人之不實告知，須在契約訂立時所為
　　D.以上皆是

101.解答：B
102.解答：A
103.解答：D

104. (　　)壽險業務員從事保險招攬之年齡限制為？
A.18歲
B.20歲
C.30歲
D.16歲

105. (　　)壽險業務員登錄第一年度之教育訓練課程要求，至少需要有幾個小時的訓練時數？
A.18小時
B.12小時
C.30小時
D.40小時

106. (　　)壽險業務員登錄第3年度之教育訓練課程要求，至少需要有幾個小時的訓練時數？
A.18小時
B.12小時
C.30小時
D.40小時

104.解答：B
105.解答：C
106.解答：B

107. (　　)壽險業務員如果未經當事人同意或授權，代替客戶在要保書上簽名的行為，壽險公司應按情節輕重如何處罰？
A.記過處分
B.申誡
C.撤銷登錄處分
D.主管加強宣導即可

108. (　　)壽險業務員新登錄後，因為註銷登錄或停止招攬等異動後，1年後再辦理登錄，請問教育訓練年度如何計算？
A.重新計算(第1年至少30小時)
B.自動延續計算(第3年至少12小時)
C.自動延續計算，但需要補足不足的訓練時數
D.重新計算，時數只需要符合12小時要求

109. (　　)壽險業務員從事保險招攬時，不得有哪一項的行為？
A.贈送禮券
B.採現金繳納保費時，給予利息補貼
C.退佣
D.以上皆是

107.解答：C
108.解答：A
109.解答：D

110. (　　)壽險業務員從事保險招攬時，不得有哪一項的行為？
A.與定存利率不當比較
B.勸誘客戶辦理保單貸款或貸款後投保壽險
C.強迫客戶投保房貸壽險及醫療險
D.以上皆是

111. (　　)自動墊繳保費本息，若超過保單價值準備金時，對於契約效力有何影響？
A.失效
B.停效
C.仍然有效
D.終止

112. (　　)下列何者是保險契約之包含範圍：
A.條款
B.批註或批單
C.要保書
D.以上皆是

110.解答：D
111.解答：B
112.解答：D

113. ( )若要保人交付保險費後，隔天發生保險事故，而且壽險公司的核保標準為承保但尚未發單，此時壽險公司是否應予理賠？
A.賠　B.不賠　C.退還所繳保費　D.賠一半

114. ( )人身保險商品的哪一項給付，可以免納所得稅？
A.身故保險金
B.醫療保險金
C.失能保險金
D.以上皆是

115. ( )依據遺贈稅法，配偶及祖父母的扣除額各為多少？
A.493萬；493萬
B.493萬； 50萬
C.50萬； 493萬
D.1200萬；220萬

113.解答：A
114.解答：D
115.解答：B

116. (　　)若壽險契約身故受益人指定為法定繼承人；而且被保險人身故時，僅遺留配偶及兒子女兒各1人，共計3人，請問依據民法規範，3人應繼分如何計算？
A.各1/3
B.配偶1/2；子女1/2
C.配偶2/3；子女1/3
D.配偶1/4；子女3/4

117. (　　)假設台南市發生尿毒症的損失機率為1%，平均每次罹患尿毒症需要支付費用損失為500萬元，請問損失成本為多少？
A.5萬
B.1萬
C.1%
D.10%

118. (　　)發生保險事故前，可以採取哪些風險管理方式控管風險？
A.忽略
B.自留
C.損失抑制
D.損失預防

116.解答：A
117.解答：A
● 500萬x1%=5萬
118.解答：D

119. ( )關於利率變動型壽險的特色，何者正確？
   A.保單價值準備金隨宣告利率為定
   B.利差回饋分享金依宣告利率與預定利率差值乘上保
     單價值準備金計算
   C.彈性繳費
   D.宣告利率維持不變

120. ( )關於民法的死亡宣告規範，何者正確？
   A.失蹤滿8年，得向法院聲請。
   B.若失蹤人為70歲以上，失蹤滿3年，得向法院聲請。
   C.發生特別災害事故滿2年，可向法院聲請。
   D.失蹤滿7年，得向法院聲請。

119.解答：B
● 宣告利率可以每年調整
● 保證部分(傳統壽險)保單價值準備金由預定利率等變數
  決定
● 採取年半季月繳費或躉繳，無法彈性繳費

120.解答：D
向法院聲請死亡宣告年限規範：
(1)失蹤人失蹤滿7年。
(2)若失蹤人為80歲以上，失蹤滿3年。
(3)特別災難，失蹤滿1年。

121. (　　)若先生身故，未有子女，仍有先生的父母存活，
請問依據民法的應繼分規範，何者正確？
A.配偶1/3
B.先生的父親1/2
C.先生的母親1/4
D.配偶1/4

122. (　　)請問現行遺贈稅法關於喪葬費用扣除額為多少？
A.111萬
B.123萬
C.150萬
D.220萬

123. (　　)請問依據所得稅基本稅額條例，若有基本所得額
需乘上多少稅率計算應繳納的基本所得額？
A.10%
B.15%
C.20%
D.5%

121.解答：C
● 配偶與父母：配偶1/2；父母共1/2(各1/4)
122.解答：B
123.解答：C；20%

124.（　　）請問現行依據全民健康保險法規定，若民眾單次
利息收入達2萬元，需要扣收多少比率的補充保費？
A.2%
B.3%
C.1.91%
D.5%

125.（　　）請問何種情況，國稅局可能依照實質課稅原則要
求保險給付納入遺產課徵遺產稅？
A.身故前3年投保小額終老壽險30萬
B.50歲時投保傷害險500萬
C.70時同時投保五張變額年金保險，金額各達500萬
D.70歲時投保6年繳利率變動型壽險300萬。

126.（　　）關於個人資料保護法之規範，何者正確？
A.病歷、醫療、基因、性生活、健康檢查及犯罪前科之
個人資料，不得蒐集、處理或利用，除非經客戶同意
B.個人資料之蒐集、處理或利用，不得逾越特定目的之
必要範圍
C.個人資料之蒐集、處理或利用，應與蒐集之目的具有
正當合理之關聯
D.以上皆是

124.解答：C；補充保費之扣繳稅率已調降為1.91%。
125.解答：C；
● C 屬於高額投保而且商品屬於投資型保險，較符合樣
態。
126.解答：D

127. (　　)小劉擅自為小陳投保終身壽險並於事後辦理解約，
請問小劉可能遭受何項處罰？
A.刑法偽造文書
B.壽險公司依照業務員管理規則予以懲罰
C.壽險公司求償索賠
D.以上皆是

128. (　　)下列何者並不屬於公平待客原則的規範？
A.注意與忠實義務原則
B.商品或服務適合度原則
C.告知與揭露原則
D.損害填補原則

129. (　　)關於外幣傳統保單之規範，何者錯誤？
A.繳納保費依據外幣繳納
B.保險給付時以外幣給付
C.解約時，以台幣給付解約金
D.商品可以為年金保險商品

127.解答：D
128.解答：D
129.解答：C
● 外幣保單解約時，解約金仍以外幣支付。
● 外幣保單可設計外幣壽險、年金險、投資型保險或醫療
險。

130. (　　)下列何者為健康保險之理賠限制條款？
　　A. 豁免保費條款
　　B. 次標準體加費承保
　　C. 生命末期提前給付條款
　　D. 既往症條款

131. (　　)生存保險、人壽保險附一定期間（不含滿期）給付生存保險金部分及年金保險，應採用何種責任準備金提存方式？
　　A. 終身保險修正制
　　B. 一年定期修正制
　　C. 平衡準備金制
　　D. 未滿期保費準備金制

130.解答：D
● 既往症一律不賠，因此為理賠的限制。
131.解答：C

132. (　　)下列有關臺灣壽險業第4回與第5回經驗生命表的敘述，何者錯誤？
　　A. 以第5回為例，男性30歲死亡率為1.061%；男性50歲死亡率為5.136%
　　B. 以第5回為例，男性30歲死亡率為1.061%；女性30歲死亡率為0.401%
　　C. 以第4回為例，男性30歲死亡率為1.939%；男性50歲死亡率為6.056%
　　D. 以第4回為例，女性30歲死亡率為0.401%；以第5回為例，女性30歲死亡率為0.593%

133. (　　)就商業保險而言，下列何者為可保風險？
　　A.股票下跌　B.戰爭　C.通貨膨脹　D.老年生存。

134. (　　)下列何者為傷害保險的構成要素：
　　(1)須由外界原因所觸發；
　　(2)須為第三人行為所致；
　　(3)須為身體上的傷害；
　　(4)須非故意誘發：
　　A.1234
　　B.234
　　C.134
　　D.24。

132.解答：D；因為人口高齡化，第5回生命表的死亡率會比第4回還低；而且同樣男性死亡率較女性高。
133.解答：D；其餘非為純損風險或靜態風險。
134.解答：C；第三人責任險才需要限制為第三人之法定責任。

135. (　　)傷害保險與旅行平安保險之主要差別在於
A.失能事故之失能等級 B.保險金額的高低 C.保險期間的長短 D.保險公司的類別。

136. (　　)傷害保險及健康保險業務，可由下列何者經營
A.僅人身保險業者 B.僅財產保險業者 C.人身及財產保險業者 D.僅本國保險業者

137. (　　)下列有關社會保險的敘述，下列何種正確？
A.保費完全由政府提供　B.通常採用強制投保方式
C.主要針對財產損失風險　D.保費通常含有佣金。

138. (　　)小陳計算某一張終身壽險的保單面額(保險金額)與該保單上年度末責任準備金的差額。請問小陳所計算的金額是此保單的？
A.　總保費(gross premium)
B.　解約費用(surrender charge)
C.　淨危險保額(net amount at risk)
D.　自留額(retention limit)

135.解答：C
136.解答：C
137.解答：B；社會保險主要保障事故為人身風險，且並無佣金給付問題。
138.解答：C

第二節 壽險代理人壽險實務專屬範圍考題與解析(選擇/問答)

壹、選擇題

1. (　　)近年來,各國政府紛紛提出那項概念,能讓沒有金融執照的科技業者,透過法律特許的方式進行實驗,而不會受到既有法律的追訴?
   A. 區塊鏈
   B. 大數據分析
   C. 監理沙盒
   D. 智能合約

2. (　　)有關長期健康保險純保險費釐訂的因素,何者正確?①罹病率 ②預定利率 ③附加費用率 ④死亡率 ⑤脫退率
   A. 1
   B. 1,2,3
   C. 1,2,3,4
   D 1,2,3,4,5

1.解答:C
● 實驗試辦類似玩沙子遊樂區的概念。
2.解答:D
● 五個因素都會影響到長期健康保險純保費的高低。

3. ( )下列何者是壽險公司在再保安排上應注意的承保業務危險型態？①多單危險（Duplicate Risk） ②積集危險（Accumulation of Risks） ③高額危險 ④次體危險（Substandard Risk） ⑤自留危險
   A. 1,2
   B. 3,4,5
   C. 1,2,4
   D 1,2,3,4,5

4. ( )保險業授權保險代理人代收保險費，以現金方式繳納保費者，單張保單當期保險費的上限規定為何？
   A. 以新臺幣1萬元為上限
   B. 以新臺幣5萬元為上限
   C. 以新臺幣10萬元為上限
   D. 以新臺幣50萬元為上限

3.解答：D
● 都要注意各項風險
4.解答：B
● 基於風險考量，因此代收保費金額上限僅5萬元。

5. (　　)下列有關保險代理人公司辦理網路投保業務及網路保險服務的敘述，何者錯誤？
    A. 保險代理人公司應建置網站專區、網頁或公司設置的行動應用程式投保平台
    B. 保險代理人公司所屬業務員得自行建置網路投保網站專區、網頁或公司設置的行動應用程式投保平台
    C. 保險代理人公司應提供保險客戶以網路方式或親臨方式，辦理註冊及身分驗證作業
    D. 保險代理人公司辦理網路投保業務，應即時連線將通報資料傳送保險公司

6. (　　)下列何者是保險電話行銷可銷售人身保險商品？
    ①傳統型人壽保險 ②健康保險 ③傷害保險 ④年金保險 ⑤投資型人壽保險
    A. ②③
    B. ①②③④
    C. ①③④⑤
    D. ①②

5.解答：B
● 業務員不得自製DM、廣告、網站；除非經過審核核准
6.解答：B
● 投資型保險風險較高，因此不得透過電話行銷販售，只能採面對面行銷。

7. ( )一年（含）期以下的傷害保險，依規定需提存那些準備金？①特別準備金 ②保費不足準備金 ③責任準備金 ④未滿期保費準備金
   A. 1,3,4
   B. 1,2,4
   C. 3,4
   D. 1,2,3

8. ( )下列有關投資型年金保險的敘述，何者錯誤？
   A. 要保人可依據自己的經濟狀況來決定保費繳納之金額
   B. 因年金給付金額隨投資績效而變動，故年金受領人每期所領取的年金單位數目並不固定
   C. 為了避免年金的實際給付金額過低，有些契約會提供「最低所得給付保證」之附約，以保證被保險人所領取的年金給付額至少高於某一約定水準
   D. 有些契約會提供「最低死亡給付保證」，一旦被保險人在年金契約累積期間死亡，其身故受益人可獲一定金額的死亡給付

7.解答：B；責任準備金為壽險商品或年金商品所提存。
8.解答：B
● 年金單位數固定，但因為單位淨值波動，所以年金給付金額隨之波動。
● 作者補充：台灣的變額年金保險主要仍採利率變動型年金給付模式，極少採取依單位數乘單位淨值上的變額年金給付模式。本題目較難，壽險業務員考生不需準備。

9. （　　）有關現行壽險新契約責任準備金的提存利率，下列何者正確？
 A. 通常躉繳保險利率最高
 B. 通常繳費期限愈長者利率愈低
 C. 通常負債存續期間愈長者利率愈高
 D. 通常利率愈高提存責任準備金愈大

10. （　　）目前全民健康保險對醫療院所實施「住院疾病診斷關聯群（Tw-DRGs）支付方式」，其實際醫療費用在上下限臨界點範圍內者，衛生福利部中央健康保險署以何種方式支付診療費用？
 A. 定額支付
 B. 核實支付
 C. 折扣支付
 D. 論量支付

11. （　　）目前有關傳統人壽保險費率之規範，下列何者正確？
 A. 預定死亡率以臺灣壽險業第四回經驗生命表為基礎計提責任準備金
 B. 預定利率由各公司依險種特性、過去資金運用績效及社會經濟發展等因素自行訂定
 C. 預定費用率依純保費按不同險種之不同標準比率計算
 D. 預定投資率由各公司依資金準備及未來投資規劃等因素自行訂定

9.解答：C　　10.解答：A　　11.解答：B

12. (　　) 我國現行販售的優體人壽保險商品，主要有那些種類？①變額壽險　②萬能壽險　③養老壽險　④定期壽險
 A.　①②③
 B.　①②④
 C.　①③④
 D.　②③④

13. (　　) 依照壽險公會訂定的自律規範，下列有關保險契約審閱期的規定，何者正確？
 A.　審閱期包含在保險契約猶豫期（撤銷期）10日內
 B.　要保人不可以主動放棄審閱期
 C.　審閱期需要超過3日
 D.　要保人應在收到保單後三日內審閱

12.解答：B
● 規範禁止生存或養老壽險型態的優體保單，而且儲蓄性質較強因而保費差距小。
13. 解答：C；審閱期另外計算。

14. (　　)如果定期保險契約上載明「於每期保險契約屆滿時，經本公司同意承保並收取續約保險費，則本契約視為續保」的規定，則該契約是？
    A.　保證續保
    B.　附條件保證續保
    C.　不保證續保
    D.　自動續保

15. (　　)王先生擁有一張終身壽險保單多年，並累積有保單現金價值，但王先生經認定即將不久於人世且已無力繼續繳交保費，惟現有壽險保障額度對其妻兒日後生活所需仍屬重要，這時可建議他辦理：
    A.　解除契約並領取解約金
    B.　減額繳清保險
    C.　展期定期保險
    D.　增額繳清保險

14.解答：D
15.解答：C；保障額度相同。

16. ( )有關實支實付醫療險的說明，下列何者錯誤？
   A. 以非全民健康保險身分自費方式住院之必要性診療，保險不賠
   B. 有全民健康保險身分且至全民健康保險特約醫院就診，超過全民健康保險的部分於投保限額內實支實付
   C. 投保一張以上且投保時已通知保險公司的情況下，仍可以收據副本申請理賠
   D. 申請並已理賠的醫藥費收據，不可作為綜合所得稅列舉扣除

17. ( )張先生投保100萬元終身壽險，此保單條款有30天寬限期間的規定，每年的3月11日為續年保費應繳日期。保單生效後5年，張先生於4月1日死亡，當年之保險費尚未繳交，此時受益人可以得到的保險給付多少元？
   A. 保險公司不給付
   B. 保險公司只退還所繳保費
   C. 100 萬元扣除應付未付之保險費
   D. 100 萬元

16.解答：A；打折賠付(65折)
17.解答：C；保費仍然要繳納，只是從給付金額扣除。

18. (　　)變額年金保險之要保人若未約定年金給付開始日的選擇時，則該保單之年金給付開始日依法不得晚於被保險人年齡達幾歲之保單週年日？
    A. 60歲
    B. 65歲
    C. 70歲
    D. 75歲

19. (　　)個人傳統型遞延年金保險在年金開始給付時，如有保險單借款本息尚未償還，則保險公司應如何給付年金？
    A. 待要保人清償保險單借款本息後，按原年金金額給付
    B. 在原年金金額內，依雙方事先約定分期扣除保險單借款本息後，以餘額給付
    C. 自當時年金保單價值準備金，扣除保險單借款本息後，按原年金金額給付
    D. 自當時年金保單價值準備金，扣除保險單借款本息後，重新計算年金金額給付

18.解答：C
● 人生70古來稀，以70歲時的保單週年日為準。

19.解答：D
● 借款本息扣除後的保價金餘額，才是客戶的儲蓄金額。

20. (　　)個人傳統型含保證給付之即期年金保險的被保險人，在契約有效期間內失蹤，則保險公司應如何給付年金？
    A. 繼續給付年金給受益人，除有未支領之保證期間（或保證金額）之年金金額外，至法院宣告死亡判決時日止
    B. 暫時停止給付年金，待發現被保險人生還時，補足其間未付年金並繼續給付年金
    C. 繼續給付年金給受益人，至保證期間（或保證金額）結束後，契約終止
    D. 將至保證期間（或保證金額）前未給付之年金，依雙方約定之貼現利率，提前一次給付給受益人

21. (　　)投資型保險契約所提供連結之投資標的發行或經理機構破產時，應由何人向該機構積極追償？
    A. 受益人
    B. 要保人
    C. 銷售商品之保險公司
    D. 投資標的之保管銀行

20.解答：A
● 失蹤時，給付至死亡(經過一定期間後法院宣告死亡)為止。
21.解答：C
● 商品為壽險公司規劃設計，壽險公司應善盡追償責任。

22. (　　)下列有關微型保險的敘述,何者正確?
    A. 可辦理一年期實支實付型傷害醫療保險,且理賠申請不限醫療費用收據正本
    B. 保險業以集體投保方式辦理微型保險者,要保人與被保險人須為同一人,且被保險人須達10人以上
    C. 個別被保險人累計投保微型傷害醫療保險之保險金額不得超過新臺幣2萬元
    D. 身故保險金受益人之指定及變更,以被保險人之家屬或其法定繼承人為限

23. (　　)依據現行「人身保險要保書示範內容及注意事項」的規定,下列何者不屬於傷害保險要保書之告知事項?
    A. 被保險人之職業及兼業
    B. 過去2年內某些特定疾病之病史
    C. 被保險人目前之身高體重
    D. 目前身體機能之障害

22.解答:D
● 為了達到保障對象更明確,微型保險的受益人身分限制為家屬或法定繼承人。

23.解答:C
● 傷害險的告知事項與身高體重較無關係,職業風險、身體障害或特定疾病較重要。

24. (　　)下列何者為法令所規定，可作為外幣收付之健康
保險的保險給付項目？
A.　豁免保險費
B.　住院日額醫療費用
C.　實支實付型住院醫療費用
D.　完全喪失工作能力保險金

25. (　　)為維持長期健康保險的經營安全，人身保險商品
審查應注意事項規範，長年期健康保險應有何種風險控
管措施？①投保限額 ②保費調整 ③生存調查 ④給付
限額
A.　①②
B.　①③
C.　②③
D.　②④

24.解答：A
● 外幣收付之健康險商品，初期以給付項目單純的豁免保
險費或一次性給付的癌症疾病、重大疾病或特定疾病為
限。

25.解答：D
● 帳戶型終身醫療險(例如最高給付3000倍日額)或具保費
調整機制的終身醫療險。
● 投保限額與生存調查適用任何險種。

26. (　　)現行傷害保險的保費收取,是以職業類別為基準,則職業類別第5類之費率為第1類費率之幾倍?
    A.　1.50
    B.　2.25
    C.　3.50
    D.　4.50

27. (　　)我國國民年金保險的保險費,對於一般投保民眾的被保險人,由中央主管機關負擔多少比率的保費?
    A.　27.5%
    B.　30%
    C.　40%
    D.　45%

28. (　　)利率變動型年金保險甲型在年金給付開始時,以何者換算定額年金?①當時年齡 ②預定利率 ③宣告利率 ④年金生命表
    A.　①②③
    B.　①②④
    C.　①③④
    D.　②③④

26.解答:C;3.5倍。1、1.25、1.5、2.25、3.5、4.5。
27.解答:C
● 　主要享有保障的是民眾,因此多付出一些(60%)。
28.解答:B;
● 　甲型為固定型,與宣告利率無關。

29. (　　)附加保險費中一般包含那些項目？①佣金 ②預期利潤 ③安全加費 ④保險金
    A. 1,2
    B. 2,3
    C. 3,4
    D. 1,2,3

30. (　　)壽險公司對於次標準體，通常採取那些方式承保？
    1.加費承保
    2.限制承保地區
    3.削減給付
    4.延後承保

    A. 1,3,4
    B. 2,3
    C. 3,4
    D. 1,2,3

29.解答：D
● 保險金屬於純保費，並非附加保費。
30.解答：A
● 壽險通常不會針對次標準體客戶限制承保地區為台灣或台北。

31. (　　)下列有關團體保險之敘述，何者錯誤？
    A. 投保之團體是為參加保險而組成的組織
    B. 核保時須注意該團體投保的人數及比例是否合理
    C. 職業危險因素是團體保險核保時主要考慮之因素
    D. 核保時須注意該團體每位成員的投保金額是否合理

32. (　　)賀小康投保重大疾病健康保險，並以妻子與兒子為第一順位與第二順位受益人，請問他罹患尿毒症後洗腎，重大疾病保險金或住院醫療日額應給付給誰？
    A. 妻子
    B. 兒子
    C. 妻子兒子各半
    D. 賀小康

33. (　　)下列何種年金險，適用於已擁有大筆退休金，計畫直接轉換為分期給付之退休族群？
    A. 定期保險
    B. 分期繳費遞延年金保險
    C. 遞延年金保險
    D. 即期年金保險

31.解答：A
● 投保之團體是為參加保險而組成的組織，理賠率一定會大幅攀高！
32.解答：D
33.解答：D；即期年金保險採躉繳保費，且次年立即可以領取年金給付。

34. ( )關於利率變動型壽險的特色，何者正確？
    A. 保單價值準備金隨宣告利率為定
    B. 利差回饋分享金依宣告利率與預定利率差值乘上保單價值準備金計算
    C. 彈性繳費
    D. 宣告利率維持不變

35. ( )下列有關健康保險的敘述，何者錯誤？
    A. 健康保險主要彌補因疾病或傷害導致的收入損失或醫療相關支出
    B. 符合「長期照顧狀態」之認知功能障礙，係指6項日常生活自理能力持續存有3項（含）以上的障礙
    C. 防癌健康保險商品的銷售方式，有的以單獨出單、有的以特約或直接附加方式出單
    D. 目前外溢效果的保險商品設計，有實物給付型及非實物給付型

34.解答：B
● 宣告利率可以每年調整；保證部分(傳統壽險)保單價值準備金由預定利率等變數決定
● 採取年半季月繳費或躉繳，無法彈性繳費

35. 解答：B
● B非屬認知功能障礙(如癡呆症)，而是屬於生活自理障礙。

36. ( )有關投資型壽險的說明，下列何者正確？
    A. 甲型淨危險保額維持固定
    B. 乙型的死亡給付金額為保險金額或保單帳戶價值取其大
    C. 類全委保單是全權委託投信機構代操
    D. 每期保費，扣除危險保費後，全部進入分離帳戶進行投資

37. ( )下列何者不是投資型保險商品？
    A. 變額壽險
    B. 萬能壽險
    C. 變額年金
    D. 結構型債券保單

38. ( )有關投資型保險對保戶的優點，下列何者錯誤？
    A. 借專家理財且投資利潤完全歸自己所有
    B. 死亡風險保費及投資管理費用清晰透明
    C. 資產單位價格計算簡單明瞭且收益固定
    D. 可變保費的給付方式能滿足客戶在不同經濟狀況下的不同需求

36.解答：C；甲型為兩者取大。
37.解答：B
38.解答：C；投資收益不固定、有風險。

39. （　　）依金融監督管理委員會「投資型人壽保險商品死亡給付對保單帳戶價值之最低比率」規範，下列說明何者正確？
    A. 要保人投保及每次繳交保險費時，皆應符合最低比率之規定
    B. 被保險人滿15足歲且到達年齡在40歲以下者，其比率不得低於百分之一百五十
    C. 被保險人之到達年齡在41歲以上、70歲以下者，其比率不得低於百分之一百三十
    D. 被保險人之到達年齡在71歲以上者，其比率不得低於百分之一百

40. （　　）有關變額型投資型保險之敘述，下列何者錯誤？
    A. 可由要保人自行選擇投資標的
    B. 要設置專設帳戶管理
    C. 要保人無須承擔投資風險
    D. 保險金額及現金價值由投資績效而定

39.解答：A
- 109/6月底前40歲以下為130%；70歲以下為115%、71歲以上為101%。
- 109/7/1起適用最低保障比率規範，40歲改變成160%。

40.解答：C
- 投資型保險需由要保人承擔投資風險，明顯與傳統壽險不同。

貳、問答題考題(納入 105~108 年壽險代理人壽險實務概要考題)

一、說明「年金」與「年金保險」的差異為何？

參考解答：

1. 年金：指定期性、連續性的給付模式，例如：可採取每年給付或每月給付模式。一般來說，年金可區分為確定年金與不確定年金兩種。

2. 年金保險：保險法第 135 條-1 規定：「年金保險人於被保險人生存期間或特定期間內，依照契約負一次或分期給付一定金額之責。」可知年金保險的定義，應以生存與否的保險事故，作為年金給付與否的標準，概念上年金保險可說是透過保險契約的方式提供客戶生存期間年金給付的商品；而且年金保險屬於不確定年金商品。

3. 相較之下，年金屬於一種給付模式；而年金保險則是採取年金給付模式並以生存事故為保險事故的壽險商品，兩者顯然不同。

二、說明「除外責任」與「不保事項」有何差異？

參考解答：

1. 除外責任或除外原因：

通常保險契約明訂除外責任，諸如：針對違法行為或犯罪行予以除外、排除不可保項目：諸如巨災、排除其他保險所承保之項目或範圍等。舉例而言，傷害保險之除外責任如下：

(1)要保人、被保險人的故意行為。

(2)被保險人犯罪行為。

(3)被保險人飲酒後駕（騎）車，其吐氣或血液所含酒精成份超過道路交通法令規定標準者。

2.不保事項：

　　依照保險契約，除外責任以外之範圍或項目，屬於承保範圍。然而，通常在承保範圍內，仍有些承保項目是屬於無法客觀公平計算保費或予以承保之項目，抑或容易產生糾紛之項目；因此保險契約條款另訂不保事項，將特定承保事項予以排除。舉例而言，傷害保險之不保事項如下：

(1)被保險人從事角力、摔跤、拳擊、特技表演等競賽或表演。

(2)被保險人從事汽車、機車及自由車等的競賽或表演。

三、金融監督管理委員會訂定「小額終老保險商品相關規範」，請問小額終老保險商品的功能與政策目的為何？所稱「小額終老保險」商品組合係指那二類保險商品？相較於一般壽險商品，小額終老保險的優點為何？購買小額終老保險在保險金額、理賠及最高承保年齡上有何限制？

參考解答：
本題解答依據108年12月主管機關最新規範撰寫

(一) 功能與目的：因應人口高齡化及國人保障不足，透過小額終老保險推動，增加民眾保障額度，並補足社會安全制度之不足。另外主管機關針對推廣小額終老保險表現良好的業者，給予監理誘因。

(二) 小額終老保險保障包含終身壽險並可附加傷害保險。

(三) 優點：保費較低廉、投保手續簡便。

(四) 保額限制：終身壽險保額最高50萬元及傷害保險附約保額最高10萬元。

(五) 最高承保年齡：84歲

(六) 核保及理賠：採免體檢承保、全民皆可投保；但為控管風險，每一被保險人僅能投保2張商品，且投保前3年身故保險金改以已繳保險費的1.025倍給付身故保險金。

四、為避免年齡太大客戶購買投資風險高之投資型保單，無法承受投資損失而屢生申訴問題，在「投資型保險商品銷售應注意事項」以及「投資型保險商品銷售自律規範」當中，訂有所謂「七十條款」，試說明「七十條款」的規範及其相關應包括事項。

參考解答：
關於七十條款之規範事項摘列如下：
(一)目的：考量客戶適合度及避免銷售風險過高，因此金管會針對銷售投資型保險商品予以額外限制。
(二)投保客戶：要保人或被保險人保險年齡達七十歲以上(含七十歲)。
(三)控管措施：
　　銷售投資型保險商品之對象為七十歲以上客戶，經客戶同意後應採以下方式保留紀錄：
1. 將銷售過程以錄音或錄影方式保留紀錄或以電子設備留存軌跡。
2. 應由適當之單位或主管人員進行覆審，確認客戶辦理交易之適當性後，始得承保。
(四)銷售過程內容及控管至少應包含以下項目：
1. 招攬業務員出示其合格登錄證，說明其所屬公司及獲授權招攬投資型保險商品。
2. 告知保戶其購買之商品類型為投資型保險商品、保險公司名稱及招攬人員與保險公司之關係、繳費年期、繳費金額、保單相關費用(包括保險成本等保險費用)及其收取方式。

3. 說明商品重要條款內容、投資風險、除外責任、建議書內容及保險商品說明書重要內容。

4. 說明契約撤銷之權利。

5. 詢問客戶是否瞭解每年必需繳交之保費及在較差情境下之可能損失金額,並確認客戶是否可負擔保費及承受損失。

五、請試述人壽保險基本契約條款「寬限期條款(grace period clause)」之內容、規定的目的,及其衍生的相關保險單效力的問題。

參考解答:

1.訂定寬限期間之規定目的:考量壽險契約為長期契約而且儲蓄功能強,若因保戶一時的逾期繳費,就導致契約停止效力,對保戶保障顯然不利,也違背最大誠信契約之理念。因此壽險契約訂立寬限期間,提供保戶繳納保費的融通期間。

2.寬限期間之內容摘要:

(1)期間計算:

　　a.年繳、半年繳:催告到達翌日 30 天內。

　　b.季繳、月繳(現金繳費等自行繳費方式):
　　　應繳日(保單所載交付日)翌日 30 天內。

　　c.季繳、月繳(自動轉帳扣款等約定):催告到達翌日 30 天內。

(2)事故理賠：被保險人在寬限期間內發生保險事故，壽險公司仍應負擔理賠責任，不可因為保費超過應繳日未繳而拒賠。

3.效力：逾寬限期間仍未交付保費，壽險契約效力停止(停效)；停效期間被保險人發生保險事故，壽險公司不負賠償責任。

六、請試述投資型保險的意義，並就其與傳統型商品作一比較分析。

參考解答：

(一)投資型保險之意義

　　投資型人壽保險為人壽保險保障結合共同基金等投資標的之人壽保險商品。投資型人壽保險具有以下特色：

1.投資風險由保戶承擔：投資型保險商品所產生的收益或虧損，由保戶自行承擔。

2.彈性繳費：投資型商品的繳費方式彈性，保戶可依據自己的經濟狀況決定繳費頻率與繳費額度。

3.費用充分揭露：投資型商品各項費用充份揭露，讓保戶可充分了解費用明細。

4.提供多元化投資標的選擇：投資型壽險通常連結多元化投資標的，要保人可自主選擇投資標的，並可透過定期定額投資或免費基金轉換，定期調整資產配置。

5.保險金額可依需求調整：在符合規範下，可彈性配合保
戶保障需求，彈性調整保戶保險金額。

(二)變額萬能壽險與傳統壽險特色比較

項目/商品別	變額萬能壽險 (投資型壽險)	傳統壽險
商品概念	共同基金等標的 +定期壽險	定期壽險、終身壽險、養老壽險
保單價值準備金累積	依照基金淨值與單位數累積保單帳戶價值	依照預定利率等變數累積(預定利率固定不變)
保費繳納	彈性保費	定期繳納保費、躉繳
費用揭露	費用明確揭露	費用未明確揭露
投資風險承擔	保戶承擔投資風險	壽險公司承擔投資風險
保險金額	保額可彈性調整	保額固定

七、何謂實物給付保單？目前實物給付保單臺灣開放那些項目？對於保戶來說，這類保單有何優點跟缺點？

參考解答：

(一)實物給付型保險商品：保險契約中約定保險事故發生時，保險公司以提供約定的物品或服務履行保險給付責任之保險商品。

(二)台灣現行開放之商品型態：

　　1.　保險商品結合健康檢查服務及相關物品。

　　2.　保險商品結合殯葬服務及相關物品。

　　3.　保險商品結合長期照護服務及相關物品。

　　4.　其他：保險商品結合醫療、護理或老人安養服務及相關物品。

(三)相對於一般現金給付型保險，比較優缺點如下：

類型	實物給付型保險	一般現金給付型保險
優點	● 投保時即可依照要保人意願與需求規劃後續保單用途。	● 現金給付後，受益人可以自由彈性動用。
缺點	● 物品或服務項目可能家屬不滿意或未來客戶不滿意。	● 可能無法依照要保人意願與需求規劃給付項目與服務或現金給付易遭挪用。

八、試申述變額萬能壽險在保費繳納、投資風險、帳戶價值
等三面向和傳統壽險之不同處。

參考解答：
變額萬能壽險與傳統壽險特色比較如下：

項目/ 商品別	變額萬能壽險 (投資型壽險)	傳統壽險
保單價值 準備金累 積	依照基金淨值乘上單 位數計算保單帳戶價 值	依照預定利率等變數累 積，預定利率固定不變
保費繳納	● 繳費週期：彈性 　保費，隨客戶意 　願 ● 繳費時點與金 　額：繳費金額不 　受限、繳費時點 　不受限。	● 繳費週期： 　■ 定期繳納保費 　　(年繳、半年 　　繳、季繳、月 　　繳) 　■ 躉繳 ● 繳費時點與金額： 　應繳日繳納固定金 　額保費
投資風險 承擔	● 保戶承擔投資風 　險 ● 採取分離帳戶， 　投資報酬率波動 　直接反映在保單 　帳戶價值	● 壽險公司承擔投資 　風險 ● 由壽險公司負責投 　資，投資獲利愈 　高、壽險公司利差 　益愈高

九、請比較利率變動型壽險與傳統型壽險有何差異？
(作者自編)
參考解答：

項目/商品	利率變動型壽險	傳統壽險
商品概念	傳統壽險(定期壽險、終身壽險或養老壽險)+利差回饋	定期壽險、終身壽險、養老壽險
保單價值準備金累積	● 傳統壽險部分：依照預定利率等變數累積 ● 利差回饋：依照宣告利率扣除預定利率計算累積	依照預定利率等變數累積(預定利率固定不變)
保費繳納	定期繳納保費、躉繳	定期繳納保費、躉繳
費用揭露	費用未明確揭露	費用未明確揭露
保險金額	傳統壽險保額固定	保額固定
備註	利差回饋若選擇增額繳清保額，保額將增加	可以設計為分紅或不分紅保單

十、新型冠狀病毒(湖北武漢首次發現)疫情衝擊全球,請問因新型冠狀病毒造成病患的各項保險事故,是否可獲得理賠?(作者自編)

參考解答:

1. 因罹患新型冠狀病毒身故:定期壽險、終身壽險或養老壽險保戶可獲得理賠;但投保意外險保戶不能獲得理賠,因為新型冠狀病毒屬於疾病、並不符合意外之定義。意外之定義須符合非由疾病所引起之外來突發事故。

2. 因新型冠狀病毒之住院醫療費用或住院日額可獲得理賠:現行之健康保險皆可獲得理賠;另對於民國87年之前將法定傳染病列為除外事項的醫療保險而言,許多壽險公司改依從新從優原則仍予理賠。

3. 因新型冠狀病毒,傷害醫療保險不能獲得理賠:因為新型冠狀病毒屬於疾病、並不符合意外之定義,因此傷害醫療保險無法賠償新型冠狀病毒相關醫療費用或失能損害。

十一、請說明主管機關所訂定的最低保障倍數比率之目的為何？有那些重要規定？(作者自編)

參考解答：

(一)目的：為了強化壽險保障功能、並降低偏重儲蓄投資功能的產業業務發展趨勢，金管會制定壽險商品死亡給付之最低比率規範。

(二)比率計算
1. 非投資型人壽保險：

　　　　(死亡給付 ／ 保單價值準備金) x 100%。
2. 投資型人壽保險：

　　　　(死亡給付 ／ 保單帳戶價值) x 100%。

(三)最低比率數值規定
1. 規範對象：被保險人(保險年齡到達 16 歲以上)。被保險人年齡到達 16 歲以上(依當時到達年齡)，就需要適用最低比率規範。

2. 投資型壽險、萬能壽險與傳統壽險一體適用相同最低保障比率要求。

3. 各年齡層應符合之最低比率規範：100%~190%。

參考文獻

1. 方明川，商業年金保險概論，作者自行出版，2011年3月
2. 呂廣盛，個人壽險核保概論，作者發行，1995年5月
3. 中壽、富邦、新光與國泰等壽險公司商品簡介、要保文件與條款，搜尋日期 2013 年~2019 年 12 月
4. 考選部，壽險代理人歷屆考題，搜尋日期：2019 年 12 月
5. 金管會、保險事業發展中心與壽險公會網站，保險相關法規，1998~2020 年
6. 風險管理學會，人身風險管理與理財，智勝文化，2001年
7. 保險事業發展中心與壽險公會，壽險業統計年報，1998~2019 年
8. 保險代理人同業公會，法規資訊，2015~2020 年
9. 夏銘賢，「台灣壽險業商品研發的演變及新趨勢」，壽險季刊，1998 年
10. 宋明哲，人壽保險，三民書局，1993 年 9 月
11. 許文彥，保險學-風險管理與保險，新陸書局，2012年 2 月
12. 袁宗蔚，保險學，三民書局，1992 年 3 月
13. 陳明哲，人身保險，華視文化出版，2011 年
14. 陳棋炎、黃宗樂、郭振恭，民法繼承新論，三民書局，2004 年

15. 凌氤寶、康裕民與陳森松，<u>保險學理論與實務</u>，華泰文化，2008 年

16. 夏銘賢，<u>台灣壽險業商品研發的演變及新趨勢</u>，壽險季刊，1998 年

17. 壽險公會網站，壽險相關法規，搜尋日期 2014~2020 年 1 月

18. 壽險公會與保險事業發展中心，近年人壽保險業概況與近年保費數據，1995~2019 年

19. 壽險公會，<u>人身保險業務員資格測驗統一教材</u>，臺北：自行出版，2012 年，2018 年

20. 壽險管理學會，<u>人壽保險</u>，自行出版，2011 年

21. 賀冠群、廖勇誠，<u>人身保險經營與實務</u>，鑫富樂文教，2017 年 1 月

22. 賀冠群、廖勇誠，<u>勞工社會保險、年金保險與車禍賠償要點與實務</u>，2019 年 1 月

23. 廖勇誠，<u>個人年金保險商品實務與研究</u>，2012 年 9 月

24. 廖勇誠，<u>人身與財產風險管理概要與考題解析</u>，鑫富樂文教，2013 年 1 月

25. 廖勇誠，<u>人身風險管理概要與考題解析</u>，鑫富樂文教，2016 年

26. Hallman & Jerry, Personal Financial Planning, 1993

27. Harvey W. Rubin, Dictionary of Insurance Terms, Fourth Edition

28. Kenneth Black, JR., Harold Skipper, JR.,Life Insurance, Prentice-Hall Inc, 1994

忙碌的現代人，心靈煩惱與焦躁不安反而更為嚴重；
透過修行、轉念、體悟、放下我執、走出戶外、
透過感恩、關懷與行善，
就能昇華為健康的身心靈與迎接歡樂的人生。

國家圖書館出版品預行編目(CIP)資料

人身保險實務與法規精要 / 賀冠群、廖勇誠著. -- 初版. –
臺中市：鑫富樂文教, 2020.03
ISBN 978-986-93065-9-1(平裝)
1.人身保險 2.保險法規
563.74　　　　　　　　　　　　　　　　　109002041

人身保險實務與法規精要

作者：賀冠群、廖勇誠
編輯：鑫富樂文教事業有限公司編輯部
美術設計：田小蓉、小林鈺
發行人：林淑鈺
出版發行：鑫富樂文教事業有限公司
公司網站：www.happybookp.com
地址：402台中市南區南陽街77號1樓
電話：(04)2260-9293　　傳真：(04)2260-7762

總經銷：紅螞蟻圖書有限公司
地址：114台北市內湖區舊宗路二段121巷19號
電話：(02)2795-3656　　傳真：(02)2795-4100

2020年3月31日　初版一刷

定　價◎新台幣400元

有著作權·侵害必究 Printed in Taiwan